COMENIUS

外国名家谈教育

JOHN AMOS COMENIUS
ON EDUCATION

捷克教育家
夸美纽斯
谈教育

[捷] 约翰·阿摩司·夸美纽斯 著

关明孚 译

辽宁人民出版社

图书在版编目（CIP）数据

捷克教育家夸美纽斯谈教育 /（捷）约翰·阿摩司·夸美纽斯（John Amos Comenius）著；关明孚译. —沈阳：辽宁人民出版社，2020.9
（外国名家谈教育）
ISBN 978-7-205-09904-6

Ⅰ.①捷… Ⅱ.①约… ②关… Ⅲ.①夸美纽斯（Comenius, J. A. 1592—1670）—教育思想 Ⅳ.①G40-095.14

中国版本图书馆 CIP 数据核字（2020）第 114125 号

出版发行：辽宁人民出版社
地址：沈阳市和平区十一纬路 25 号　邮编：110003
电话：024-23284321（邮　购）　024-23284324（发行部）
传真：024-23284191（发行部）　024-23284304（办公室）
http://www.lnpph.com.cn
印　　刷：辽宁新华印务有限公司
幅面尺寸：160mm×230mm
印　　张：8.75
插　　页：8
字　　数：120千字
出版时间：2020 年 9 月第 1 版
印刷时间：2020 年 9 月第 1 次印刷
责任编辑：阎伟萍　孙　雯
装帧设计：留白文化
责任校对：吴艳杰
书　　号：ISBN 978-7-205-09904-6
定　　价：38.00元

目 录
Contents

导　言

　　约翰·阿姆斯·夸美纽斯（1592 年 3 月 28 日—1670 年 11 月 15 日），是一位以捷克语为母语的摩拉维亚族人，是伟大的民主主义教育家，西方近代教育理论的奠基人。夸美纽斯出身于一个磨坊主家庭，早年曾经在捷克兄弟会做过牧师，并主持兄弟会学校。三十年战争（1618—1648）爆发后的数十年间，他被迫在国外流亡，继续从事教育活动和社会活动。1670 年 11 月 15 日，夸美纽斯病逝于荷兰。

　　夸美纽斯拥有一套十分完整的教育思想，其中不仅包括关于普及教育、女子教育、学前教育等反映新兴资产阶级利益的教育思想，还在学校的教学与管理这些具体的操作层面提出了优秀的见解。

　　为人文主义影响深刻的夸美纽斯，对人具有的智慧和创造力饱含信心，认为可以通过教育让人获得和谐全面的发展，并希望通过教育对社会进行改良，实现各民族、教派间的平等。

　　夸美纽斯教育思想的核心是泛智论，所谓"泛智"，就是让每个人通过接受教育，而获得全面、广泛的知识，从而让智慧获得全面的发展。他认为学习应当广泛，要掌握学科知识的精华；坚持所学习的内容要对现实生活有用；十分重视学习自然科学方面的知识，还有各种语言；注重训练学生行动能力，等等。

　　在教育学代表作《大教学论》中，夸美纽斯开宗明义，"它阐明把一切知识教给一切人的所有艺术"，并试图利用教育的实验，来实现"泛智教育"和"泛智学校"的理想。夸美纽斯还提出了很多意义重大

○ 夸美纽斯手迹

的教学原则，比如量力性原则、直观性原则、巩固性原则、循序渐进原则、启发诱导原则以及因材施教原则等，这些基本原则，现在还在教学活动中为教师们所遵循。

在教育史上，夸美纽斯最早从理论上，详细地阐述了班级授课制，以及与此相关的学年制、学日制，考查、考试制度等内容，这是夸美纽斯的另一项主要贡献。虽然早在欧洲宗教改革时期，分班、分级教学制度已经出现在耶稣会派和路德派等教派学校里，并且也按照年、月、周对教学进度进行规划，但是系统理论地阐述班级授课制，夸美纽斯是第一人。他对班级授课制的必要性和可行性进行了论证，主张班级授课制可以对教师产生激励作用，是可以迅速地提高教学效率的手段。

夸美纽斯对中世纪的学校教育予以尖锐的抨击，主张普及义务教育，号召"将一切事物教给一切人类"，实际上就主张让所有儿童都接受学前教育和初等教育。他认为只有那些有志于从事脑力劳动的男女才能享受中等教育，至于高等教育，则更是属于少数"智者"的权利。不过，在当时的历史条件下，夸美纽斯的思想冲破了封建主义的禁锢，他主张人人有接受教育的权利的观点，是符合当时社会生产力发展要求的。

夸美纽斯一生潜心研究教育理论，成果丰硕，先后写成了《语言学入门》（1631年）、《语言学初听》（1633年）、《大教学论》（1632年）、学前教育专著《母育学校》（1632年）、《世界图解》（1658年）等，其中《大教学论》《泛智学校》堪称他的代表作。本书精选了《泛智学校》《论天赋才能的培养》《根除学校里的惰性》《关于正确命名事物的好处》等几篇短篇作品，从中亦可窥见这位伟大的教育家的人文主义教育思想。

◎《夸美纽斯评传》

第一章
泛智学校

第一节　泛智学校的轮廓

　　按照词的一般用法来说，"学校"这个词既可以理解为"房屋"，也可以理解为"会址"，人们在这里学习，目的是获取对事物的认识、理解和运用各种各样的技能。人出生以后，除了通过别人的指导和反复获得的经验而学到的东西以外，他实际上是什么都不知道的，所以，一定要教给他所有的知识，并为此将他送去造就这一切的工场。所以，对于一个拥有高度文明的民族，有多少种技能就有多少所学校，甚至连体操

◎夸美纽斯的出生地，捷克的库姆纳村

学校都有，青年人在此学习武器的使用等。

文化学校，我们指的是对那些刚步入社会，并准备开始日常生活劳作的青年人进行训练的场所。一切供青年学习的学校，都应该是这样一类的真正的学校。不过可惜的是，大部分学校离这个都有很大距离，它们不过是在玩弄科学，更有甚者是在令人烦恼地折腾科学。它们所做的事和生活的需要并不一致，而是在用支离破碎的科学，用和现实生活完全没有关系的东西填塞头脑。所以，这样评论它们是非常公正的："它们不知道必需的知识，因为它们学的都不是必需的东西。"

我们理想中的是睿智并且博学的学校，也就是泛智的学校，即工场，所有的人都能在这样的学校接受教育，都可以去学习现在和将来生活所必不可少的学科，而且实现完美。要实现这一切，要采用可靠的方法，让受教育的人不致对所学的事物一窍不通，一无所知，要让他们能够真正地、适当地运用自己所学的事物，并能够成功地表达出来。

我们希望每一个人都能够接受教育，让每一个人可以做到预防危险，避免在人生路上误入歧途而最终毁灭。对每个人来说，这一点都是至关重要的，是每个人都最应加小心的，即使不是每个人都能懂得真与善的细枝末节（原因是它们是无穷尽的），也都能理解它们，并感受到其中的快慰。

我们希望知识的新兵应当学习一切知识，即首先要让知识之光照亮我们的头脑，而如果缺少了这种知识，将是有害的；手和别的能力一起，也应进行训练，以便能做好各种事情；舌头应该能从容镇定地说出妥当的话语。

我们希望知识领域里的一切精华，都能在我们的头脑里生根。也就是对天上、地上、水里、地心深处、人的灵魂与肉体中、国家生活、经济、手艺，以及生与死及永恒本身中的万事万物，我们未来的年轻智慧者都要有充分的了解，他们要懂得必要的知识，通晓万事的原因，明白该如何运用所有知识。所以，他们每个人的意识都是全世界最准确的反映。

对我们的学生进行操作训练是必需的，这也应该列入认知的内容，也就是认识事物一定不能离开实践活动。如果没有实践，即便知道事物的本身，一旦面对也会不知所措，即使一个人对某一技艺十分精通，没有实践活动也会变得无能，连日常操作都无法适应。为了让泛智学校的学生不会发生这样的事，学校特为此补充了要求：对于那些十分需要操作的项目，在校学生如果没有获得优异的实习成绩，是无法毕业的。在泛智学校中，我们的学生不是在为学校学习，而是在为生活学习。我们要让这里的毕业生都能积极、勤勉地面对工作，技术熟练，适合做所有的工作，将来可以将一切日常事务放心地托付给他们。有这样的学校，而且每个民族都有，是杜绝守旧和懒惰，进而根除混乱、贫穷和邋遢的总办法。这一目标将会实现，特别是如果这类学校除了这些，还能让学生习惯于（现实本就该这样）用诚实的德行和大家都觉得美好的语言美化劳作。

在泛智学校里，这一切都应该精益求精地学习、进行和遵守，也就是既轻松又有把握获得成就，让学校里所做的这些和机械工场一样，都是自然地进行，而不是强制性的，让每个学生将来都成长为硕士。

有人会在这里提出古希腊医生的反对意见，认为人的生命是短暂的，而艺术需要的时间比较长。对此我的回答是：已经给了生活足够的准备时间；人是在20岁以前和以后缓慢地、逐渐地成长的，而再也没有哪种有躯体的造物有如此长的时间了。其他一些动物，比如公牛、骆驼和象等拥有比人大得多的躯体，不过两三年间就发育成熟，而人的躯干和智力得到25岁才勉强发育成熟。在如此长的时间里，如果不是为了让无法完成日常义务的人，在不断的磨炼下最终成为通晓一切的人，那又是出于什么目的呢？事情本身也可以说明这一点。如果那些鸡毛蒜皮的事没有占去我们的时间，我们将会拥有什么样的精力和才能啊！我们的生活被这些毫无意义的小事所占据，可怜的凡人们的生命被毫无价值地浪费了。

我们无法不让事物按照它天生的发展趋势运动。石头向下坠落，河水流向平原，鸟儿会飞，四足的动物会跑——这一切都是必然的，根本无须强迫；每样东西都在按照它天生会做的去做，只要没有被设置障碍。所以，不必去催着人们去认识所有的事物、做好事、说好听的，因为人的本性就是喜欢学习的，喜欢将一样东西制作成另一样东西，喜欢谈这说那。而且我们的智慧是某种自动装置，所以它需要的只是方向，让所有的事都做得有分寸、有秩序、有好处。

这里还得补充一点，每个人都是不想要片段的东西，而是想要连贯的。没有人愿意被禁锢在狭小的圈子里；没有人愿意要局部，而不要整体。如果怀疑这一点，那么就让他去找一个对爱好全神贯注的孩子做个实验。你开始要给他讲一个他能理解的小故事或者寓言，讲到一半不讲了，非常想知道整个故事的他一定会缠着你不放，央求你接着讲下去。其他的事情也是一样的，如果你动手给他盖个小房子、做个笼子或者别的类似的东西，他一定会求着你做完，或者自己想办法做完。同样那些牙牙学语的孩子，都要对他听到的完整的语言进行模仿，无论好坏。那么在包罗万象的学校，怎么能希望完全一样的情况不发生呢？它难道不像一个表演一连串吸引人的故事的剧场吗？

泛智的课程要有泛智的方法，这样的方法既要全知又要处处自相适应，还需要轻松愉快，让教者和学者不会因为费力而心生抵触情绪，而是从中可以感受到劳动的果实和乐趣。于是学校再也不是迷宫和旧磨坊，再也不是监狱，再也没有对脑力的折磨，而是娱乐和宫殿，是天堂，有的只是极大的享受。

制度是这类学校最优秀的地方，它包括了学校发生的所有的事。因为制度才是一切的灵魂，一切都是通过制度产生、生长和发展，并最终实现完善。哪里拥有稳定的制度，哪里便拥有稳定的一切；哪里的制度动摇了，哪里的一切也会跟着动摇；哪里的制度出现了松垮，哪里就会处处松垮、陷入混乱，而制度恢复之时，也是一切恢复之时。

泛智学校巩固的体制体现在，学校拥有一整套的制度，它的内容包括人和事、时间和地点、书和作业以及假期等。学校是为人类的孩子建立的，所以就应该让它的运行像十分精确的钟表那样，里面有维持自身的运转所需要的一切，一点没用的东西都没有，即使是那些最小的轮子、圆柱或齿轮都是有用的；这些零件都有自己固定的位置，都是只在受到重力的作用时才会转动，而且是有规律地转动，它们的转动让人联想起天的转动和时间的推移。

制度让学校成为一座智慧的工厂，这里像一座印刷厂，在这里书的印刷速度是如此之快，而且印制精美，都是按照规定的正字法印刷的，其正确程度简直难以置信。在我看来，在学校当中知识也应该是这样，轻松、迅速、完美和准确地印在感官和头脑里并积累起来。就像在印刷厂那样，不是一天印一整本书，而是每天印一页，这样一段时间过后，就可以印出成千上万部精美的大部头的书，它们都是知识的传播者。

为避免学校出现混乱，我试图用精确的制度将一切统管起来。

（1）教学内容。（2）负有教与学之使命的人员。（3）教学工具：书及其他。（4）教学地点。（5）规定上课的时间。（6）课程本身。（7）休息和假期。

一、关于教什么和学什么的制度

为了方便实行，这一部分应开宗明义地提出要求：（1）基本的优先于其他的；（2）重要的优先于不重要的；（3）有联系的一起学。

基本的是：（1）和理性相比，感性的是基本的；（2）和局部相比，整体是基本的；（3）和复杂的相比，简单的是基本的。

对其他动物来说，人更重要；和肉体相比，灵魂更重要；同样，和肉体的相比，精神的东西更重要；和地上的物质相比，天上的更重要；和暂时的相比，永恒的更重要。

概念是事物在头脑里的形态，而语言又是概念的形象，所以可以得出一个必然的结论：应该对那些仔细观察后，头脑里就可以构成其形态的事物进行研究，了解后就可以立即学会它们的名称。因此应该将事物、思维和语言这三部分事物经常结合在一起，而且要做到对事物的感知在前，然后指出应当怎样正确地理解它们，最后进行命名。如果漏掉了其中一样，就会出现问题；如果顺序反了，就会出现不稳定。

外部感官对事物的知觉要比概念早，因为意识到的一切都是先感觉到的。在英才学校里，为什么应该先教感性的，然后是理性的，最后才是需要信仰和听从？另一个原因是：最好按照其产生的先后来认识事物。人只有看见自己的形态以后，才能做到对自我的认识；到了那时，他才会意识到，他是缩小的世界，他利用各种方式，逐一对比、区分而又综合事物的抽象形态，他才拥有了自身的理智和快乐。毋庸置疑，应先教学生感性的，然后是理性的。

整体和局部，要先学整体，因为整体大于局部（每一个整体都比自己的某一部分大），而且先接触我们的感官，留下较深的印象。我们可以离得很远就能看见大的物体，而不走近和逐一细看，是无法看见小的物体的。其次，整体是一样东西，局部是很多个东西。和对很多个东西相比，对一样东西进行了解要更容易和更快。对类与种也是这个原则；孩子学会认识树，要比了解树的品种更容易。所以"完整的事物"，也就是类，应该是教与学的第一个对象，然后才是局部和品种，让对于个别的、专门的事物（个体）的认知，成为人类智慧的高级阶段的组成部分。

简单的也应比复杂的要早学，也是因为容易学。比如一个男孩学会写和读 10 个数，显然要比学会写和读各种多位数直至无穷大要快很多。同样的道理，学会 25 个字母，要比学由它们组成的好几千个词容易得多。因为在学习语言、知识、艺术、科学、智慧时，将出现的某些简单的事物进行综合和各种分类，物质的多样性由此产生（所以这些简单的事物可以称为知识的基础），先适当地讲讲这些基础知识，是让教学变得轻松愉快、明白易懂的教学方法的组成部分。

最后，将有关联的事物结合起来一起学的方法是可以省力的，比如写和读一起学，认识事物及其命名一起学。所以，对语言的理解、系统地运用和正确地使用也可以结合起来。这种教学应该按照以上这些要点进行，然后走向下一个阶段。

二、有关人员的制度

通过将学生按照年龄和成绩分成班组，在学校里建立起和人员有关的制度。这样划分出的班组一般称为"班"。班无非是将成绩相近的学生结合成一个整体，能够更容易地带领学习内容相同、对学习勤勉程度相同的学生朝着同一个目标努力。

为了按照广度将可认识的物质世界全部学到，我们安排了七个年级（将学基础阅读的国语学校安排在前面）。三个低年级应该用来引起外部感觉；接下来同样多的年级对事物的理解进行完善。我们可以准确地将可认识的物质世界划分为客观存在、意识和语言的存在，所以我们将幼年的一、二、三年级主要用在学习语言上，也就是感性地分析对事物的肤浅认知。四年级学习客观存在，哲学通过对比和发现一切事物的规律解释了这一存在。到了五年级，则深入到人类智慧的奥秘，对意识存在进行研究。六年级时要从上面的这些内容中总结出对现实生活进行合理安排有用的东西。最后的七年级充分展示了未来生活的道路，即追求幸福者的道路。

我们将这样为这七个年级命名，以示区分：（1）门前的（前厅的）；（2）入门的；（3）内厅的；（4）哲学的；（5）逻辑的；（6）政治的；（7）智学的。

由此可见，我的做法部分遵循了利斯捷德的建议，即建立三个语法年级和一边多的社会科学年级。这里第一次出现三种用于讲解的语法，即基础语法、结构语法和美化语言的语法。然后是：（1）直接用于所有事物的人的头脑的认知能力；（2）针对自身的精神力量——在规定范围内控制自己；（3）改进人类社会的意向。

三、有关教材的制度

七年制的学校，就应有七本书，所有明智的教学内容都包括在其中，可以在书中找到一切必需的知识，而不必再到别处去寻找。这样做的目的，是让每一个读完学校所有年级和学完所有年级规定的书的学生，毕业后是一个博学的人，而不会在面对必要的知识时，陷入有害的无知。

前面提到的每本书都应该包括和年级有关的课程，这让每一个学生确信，他可以将自己的知识随身携带，谁都不会将他的这一财富夺走，他便可以更发奋地前行在自己知识的海洋当中。每一本书，都不应让教员和学生感觉自己在迷宫中徘徊，而是像在迷人的花园中一样，能够在书中得到快乐。

四、有关地点的制度

关于房间，应该建立这样的制度：第一，有多少个年级，就有多少间教学用房；要不然教者和学者将无法做到不受干扰地做自己的事，那些在做别的事的人的相貌和声音一定会对他们构成妨碍。所以，为了让所有干一件事的人可以更好地集中注意力，应该将他们与外面的闹声隔绝，因此教室应该做到彼此分开。第二，一定要将每一个教学房间进行进一步划分，尤其是学生比较多时。学生应该每 10 人分成一组，为每个组安排单独的房间，然后每组指定一名年龄最大、才能出众或特别勤勉的学生担任组长，授以"指导员""检查员"或"教育员"的头衔，也可以是已经读过本年级、通晓学习内容的人来担任，这样将有利于更好地帮助班主任教师。他的职责将是：（1）观察所有组员是否都按时进入教室，各就各位；（2）督促每一个人的学习任务；（3）发现哪位组员能力较差或者比较迟钝，跟不上学习进度，为其提供帮助，或者报告教师。总之，他应像保护托付给他的羊群一般保护自己这 10 个人，带着他们，在勤勉和德行方面作出表率。如果他对自己的职责没有尽心尽力，就要解除他的组长职务，而且还要当众解除，让别人引以为戒。

最后有一点还应当指出，那就是教师应当占据一个合适的位置，让他能看见每一个人，也能被每一个人看见。教师的这些做法都是我不能容忍的：要么站在某个角落或一边，要么在学生当中走来走去，一会儿走向这个学生，一会儿靠近那个学生，单独地给某个学生（或者几个学生，但不是所有学生）讲解或口述什么……教师应该站在高处，像全世界的太阳，可以同时将教学的光芒普照所有的学生，而且爱是同时发出的同样的光，均匀地将每一个人照亮。所以讲台应该比凳子高一些，对着窗户，这样教师在黑板上画什么的时候，大家就都能看得清楚。

五、有关时间的制度

那种需要努力获得才智的地方，是最需要对时间进行明智的支配的，这会让点滴的智力都为头脑带来更多的创造力，而不是白白地浪费掉；另一方面，计算好时间，不让头脑感受到压力。时间虽然很充裕，但是因为我们十分吝惜，总觉得时间还是太少。泛智学校的时间应该如此安排，让每一年、每一月、每一日和每一时都有一定的任务，而且这些任务都应该按时完成。这需要怎样去做呢？

各个年级的全年教学任务，应该是适合于中等智力的人进行学习的，让其能在一年的时间里相对容易地掌握，但是还要注意，要让头脑敏锐和头脑迟钝的学生基本在同一时间内掌握。这样做的好处将会是实质性的：限制那些智力过于发达的人，让他们不会过早地衰退；同情、鼓励那些头脑有些迟钝的人，带动和帮助他们，让他们至少不掉队。

可见，一个好制度是这样要求的，各年级应在同一时间——春季或者看起来更合适的秋季，开始和结束本学年的课程。所以除了这个时间，一般不再收任何人进校，好让全班学生的学习进度保持一致，都能在年底结束一样课程的学习。这就像在印刷厂印书一样，印刷开始的时候，一本书应该印多少册，每页书就印多少份，印刷开始后就再也不能增加或减少了。如果按照这样的规定执行下去，那么一年之后，各班就能用学识的增长表明他们全体成员是可以升入高年级的。

至于每个月、每季度、半年及其他的教学任务，以后我会详细地谈。现在我只想指出这样一点：每天少年男女的学习时间不应超过六小时，这只是指在课堂上的时间；除了与娱乐和家务劳动有关的作业外，不应再布置任何家庭作业了（特别是在低年级）。如果有人提出异议：一点校外作业都不给学生留，等于给了学生太多的自由，对此我的回答是这样的：（1）学校既然称为教学工场，那么就不应该在校外，而应该在校内为科学成就创造条件。（2）无论布置学生在校外做什么，他们都只会浮皮潦草地去做，而且会做错，少年就是这样的；与其做错，不如不做。（3）我的工作时间是这样安排的：学习八小时，同样多的时间留给夜晚休息，还有八小时安排给了娱乐和日常劳作。我请求大家保持耐心，让学生在做自己想做（这是符合他们的少年天性的）的事时，不致有时间不够的感觉，让他们干自己的活儿，同时愿意再按照我们的想法，做他们应该做的事。

不过这每天六小时的功课，绝对不能持续地进行，课间应该有休息的时间。午前应主要安排对智力、判断、记忆的训练，午后则是对手、声音、文体和动作的训练。

六、有关课程的制度

各年级的课程应由以下几部分构成：主要的、次要的和第三位的。主要课程包括口才、智力、诚实行为，还有虔信的实质、核心和内涵的一些课程，比如语言和哲学的学习。

次要的课程是主要课程的辅助课程，也是必不可少的，可以让学生更好地掌握主要课程。历史课就属于次要课程，上历史课的目的不在于了解一些一般的、已有明确结论的世界大事，而应收集一些比较特殊的事件。

至于第三位的课程，我指的是那些对口才、智力、良好的德行帮助不大，但是对强身健体和焕发精神却有极大裨益的课程，比如各种娱乐、游戏等，都属于这种第三位课程。因为泛智学校的课程应该包括这一切课程，所以要用统一的制度将它们包括进来，使它们不仅不会互相妨碍，还可以互相促进。

主要课程的安排要按下述几点原则进行：（1）在每个年级；（2）循序渐进地进行；（3）按照同样的方法。

我说在每个年级，是要求学生要时时处处都有提升，如：

感觉——要可以更清楚地对事物进行观察。

智力——对事物要有更深的洞察力。

记忆——要能更好地吸收知识。

语言——已经理解的事物，要能更好地表达出来。

双手——要可以日益熟练地制作需要的东西。

精神——要可以更好地做所有值得尊敬的事。

内心——要更加热爱和更加热烈地召唤神圣的一切。

我说的循序渐进，指的是我想让在一年级打下基础的课程，在随后的几个年级都继续获得提高，就像今年栽下的小树，以后每年都越来越枝叶茂密一样，它还是保留着原有的枝叶，只是发育得越来越粗壮了。

因为每门课程都有严格规定的三个阶段：开始、继续和结束，所以我们会在规定的学习时间内，一步一步地来。所有的这些阶段，都包括在意义最为重要的七门课当中。

当每个年幼的儿童将眼睛朝向亮光，将耳朵朝向发出声音的地方，用牙齿去咬美食时，感觉的第一阶段，或者称感性认识阶段就到来了；

成年不过是经受过技艺训练的人的第二阶段，是通过无数次的训练，才能够看见和听见很多东西。到了第三阶段，人们已经了解了行为的方法、原因，知道了怎样区分光和色彩、辐射、幻影、视觉仪器还有属于别的感觉的东西，并已经掌握了该怎样运用自己敏锐的感觉，去领悟一些奥妙之处。

对事物的理解也有三个阶段。第一个阶段，我们历史地知道了某一事物的存在；第二阶段，则是科学地认识到具体是怎么回事，及其存在的原因；而在第三阶段，我们可以借助推理，也就是利用理性对一样事物的原理进行仔细观察，我们甚至可以发明出一种新的、同类的事物。比如一个人了解了指南针的用途，而且只是根据经验才知道怎么使用指南针，那么他还处于知识的第一阶段。但是如果他明白了指南针的构造原理，那么他就来到了第二阶段。如果他能够更进一步，能发明一种新型的指南针，那么就标志他进入了第三阶段。

记忆的各个阶段是这样的：第一阶段，一般地记住了某项事物；第二阶段，可以列举出更多和更重要的事物；第三阶段，可以将全部内容复述出来，甚至是细枝末节的内容。

对语言的学习，同样也可以分为几个阶段：单个的词，连贯的语言，最后是口才。第一阶段，是要学习语言的原理，学习那些需要单独理解、发音和变化的词，尤其是一些短的词，还有一些原始的简单词；第二阶段，开始学习怎样遣词造句、造综合句；第三阶段的任务，就是学习怎样用所有这些语言成分，来形成令人高兴的、为别人留下印象的语流。

让我们的双手也习惯于动作，还有一定的活动：首先，我们支配它，让它在理智的支配下运动，然后是干活时不会出现明显的错误，最后的要求是要干得快而漂亮。

在举止上，我们会有同样的发现：我们首先要避免出现不文明的失礼行为，然后小心出现小的失礼，最后达到我们的行为、动作、言辞等一切都得体，而且令人愉悦。

我之前提到了，所有的主要课程应按照一样的方法进行，具体做法如下:(1)同时讲解一些概念、词和课程;(2)通过具体的认识、理解、运用;(3)通过举例、规则和练习。要实现每一天都留下痕迹，每天的知识都有新的、明显的增长。

我说的次要课程是用来作为主要课程的辅助的，也就是:(1)历史课;(2)出于直接的好处而安排的智力课程;(3)一些让部分学生在常规课程以外学的额外课程。

学习历史可以让人特别高兴，它可以激起幻想，丰富语言，增长学识，提高判断事物的能力，亦可以潜移默化地起到审慎、明理的作用，因此我提出，在各个年级，历史课都和主要课程一起进行。不过这一课程应该按照阶段进行安排，好和各年级的主要课程的目的保持一致。比如，三年级的学生（不能再早了，因为没有必要，对初学者来说，事物的名称就可以用来代替历史），可以选些有关日常生活的故事——比如可以让人爱善憎恶的道德故事。对于哲学的年级——四年级而言，学习自然发展史是可以的。到了五年级，这是逻辑的年级，比较适合学机械问题史，它让人的头脑感到快乐，它叙述的是人们在过去探索和发明了哪些东西，以及在将来还要探索和发明什么东西。对政治的年级，也就是六年级来说，习俗史将大有益处，它讲的应该是各民族人民的风俗习惯。在最后一个年级，我们会愉快地学习通史，它讲述的对象，应该是世纪的流逝及人类的聪明和愚笨的种种冲突（无论是人类相互间的，还是人类与天意的冲突），还有各类惊人的事件，等等。

只有练习，才能让人手巧，而我们渴求的是人们对一切内行，对一切都擅长，适合干一切，所以我们要求各年级的学生都在实践中练习读写、复述和争辩，将母语和外语互译、辩论和朗诵等。这类练习可以分为:(1)感觉练习;(2)智力练习;(3)记忆练习;(4)历史练习;(5)文体练习;(6)语言练习;(7)声音练习;(8)德行练习;(9)虔信练习。

感觉练习很有必要，不管何地何时，都不应该中断感觉练习，因为对于意识来说，感觉是科学的向导。因此我们应努力让学生感觉到我们想教给他们的一切，让他们可以直接触摸到物体，让它运动起来，引发感觉，而感觉又引发意识，由此就不是我们在给学生讲，而是事物自己在讲述了。我们在学校里也应该这样，那些关于事物的必需知识，我们要通过事物自己教给学生，也就是应尽可能地将事物本身，或者代替本身的图画展示出来，以供学生直观地接触：看、听、嗅、摸。如果我们用各种图片、文字、格言、标记挂满教室的所有墙壁里里外外，这也将是感觉练习的一部分，后面还会详细介绍。

一般来说，智力练习将在单独上的课上进行，按照我们的方法进行。先用插图对每道题进行讲解，同时问学生是否理解，以及理解得怎么样。每周末或放假前组织复习也是很好的办法，这一点可以按照教师的决定进行。我们的教育对象是人，而不是鹦鹉，所以他们应该始终处在智慧的指导下。教师应让这类补习的内容涵盖本周、本月和本学期学习的内容；补习时，应该表扬那些勤勉、听话、知识掌握牢固的学生，批评其余的学生。

记忆练习应该持续进行，昆体良说得很对："我们记住了多少，就知道多少。"但是无论怎样，我们也不能去加重学生的负担，让他们在家时也要辛苦地背诵；我们要做的，只应该是相当愉快地对已经理解清晰的内容进行复习，实现自然而然地将一切牢牢记住。为了验证是否已经对所学内容形成了深刻的印象，不妨组织这样的练习：让学生相互挑战，看谁能最为准确地复述之前的功课内容。比如可以在每星期的考试时间，让最低名次的学生听最高名次的学生当着全班同学的面较量记忆；最高名次就是对优胜者的奖赏。通过这样的竞赛（低名次的想提高，高名次的害怕下降）可以激励所有学生一起奋发用功，还在最大程度上对记忆进行了巩固，充实了学生自己的智慧宝库。

历史练习可以归并到记忆练习当中，因为学生也可以相互比赛历史内容，无非是用不一样的办法而已。比如可以将一小时（哪怕是星期三午饭后的一小时也可以）规定为为全校学生读《公民报》的时间，如果本地有这样的报纸的话。如果没有，也可以读法国、比利时的《水星报》，并解释在最近的半年当中，地球上发生了哪些不寻常的事情。这样的好处有以下这些：（1）对学生的语言运用，有巩固的作用；（2）在一定程度上，对现代史的学习（比如知道现在有哪些国王，他们都和谁讲和了，哪国的人民和谁交战，发生了哪些战役，哪些城市失陷了等），也有促进的作用；（3）还有，学生也可以顺便对地理和各国国情进行了解，同时对那些不熟悉这些内容的学生，教师也可以讲得比文章作者详细，因为作者不过是对熟悉地点和人物的读者，简要地描述事件而已。

应该每天进行通常的文体练习，时间可以安排在午后的最后一节课上，练习是为了训练用手可以敏捷地将自己的思想表达出来。同时也可以组织一些不常做的练习，比如在三年级开始建议学生多写信，写给谁不重要，比如写给在外地的亲友，或是指定两个学生互相写信都可以，还可以大家一起写一个题目。教师应经常（哪怕只是在每月月初）问，每人上月都给谁写了多少封信，是不是用心写了。然后请一个学生朗读他自己的一封信。最后如果哪个学生认为自己更勤勉或者比平时运气更好，他的信写得比适才听到的那封更好，就请他站起来，读一下自己的。这类练习对锻炼智力及文风的好处，真的大得令人难以置信。

如果拉丁学校只说拉丁语，那么就会给学生很好的练习语言机会。为了达到语言纯正地道的目的，在规定时间外组织会话是有帮助的，而且要这样进行会话：我们用白纸做一个小本子，称它为"普里斯齐安的鞭子"，它充当勤勉的卫士或者"更正的红旗"，被发给违反了普里斯齐安语法的人，他要将自己犯的文风错误记在小本子上。这样就有了错误汇编，学生可以总翻看下小册子，就知道他们最容易犯哪些错误，也就知道了如何避免出错误。还可以对处罚的程度进行规定，即对初犯的人惩罚极轻，第二次犯同样的错误者则要罚得最重。这是因为那些屡次受罚的人总也不醒悟，往往会表现得非常顽固。这个"普里斯齐安的鞭子"的优点是它让学生努力不再犯一样的错误。另外，它还特别有利于去掉本族语的成分，如将让拉丁语不成体统的匈牙利语、斯拉夫语和日耳曼语的成分去掉。我们用"普里斯齐安的鞭子"，可不是用它来惩罚犯错误的人，而是作为防止错误出现的手段；它让学生看到自己和别人的错误，从而不犯错误。

音乐还有每天在校内校外唱歌都是声音练习。每个人都不应该免去这项任务。

我们的教学目的十分崇高，我们应注意对学生品德的培养，助其养成高尚的德行。这会为每个人增光添彩，培养他们形成讨人喜欢的待人接物态度；此外还要培养言辞、动作和行为优雅，办事机灵。所以应该组织一些练习，让少年们通过这些练习习惯做所有值得尊敬的事，而且还要做得恰当而有毅力。这类练习如下：

（1）教师应该注意让少年保持充沛的精力和集中的注意力，做事不畏首畏尾。

（2）教师经常安排他们关心一件事或者完成一项任务，然后对所做的事，以应有的方式有条理地进行汇报。虽然有时并没有这样做的必要，因为教师自己或者通过别人可能会做得更好，但是出于训练学生勤勉和办事能力的目的，绝不能忽视这种练习的意义，尤其是对于那些教师想提高其积极性的学生。就像我们是通过写字来学习书法，通过绘画来学习绘画，通过唱歌来学习唱歌一样，我们学习工作，用的也是工作和采取各种行动的办法，在干中一点点学的。我们这里援引一条原理，很像先知的名言：工作当中，我们自己也获得了进步。

（3）全校和所有年级也是一个国家，有自己的元老院以及元老院主席、执政官、法官或者大法官。在专门规定的那几天里，他们会在全校大会上对案件进行审理，和一个拥有完善制度的国家一样。这是在利用让少年习惯这类活动的办法，来对他们的生活能力进行培养。

关于第二位的课程，还有一点须指出，那就是有的人应该做一些额外的作业。某些作品是值得了解的，既不用让人疲惫地解释，也不用教师进行参与和指导。圣卡斯塔利昂的对话集，伊拉斯谟[①]的对话集及其和德行有关的论文，维未斯的对话集还有《智慧的先导》，特克斯拉尔、马努齐[②]、塞内卡[③]等人的书信，涅波特[④]、尤斯丁[⑤]、库尔齐等人的历史著作，还有诗人和别的不同内容的类似作品，都是属于这一类的。

这类额外的阅读之所以可能，有三个原因：（1）阅读课内的作业是面向中等智力的，因此，为了让那些才能更大的学生不致无事可干，或者在已经领悟的内容上耽搁时间，应该允许他们学更多的、并没有脱离年级课程的内容，多读一些其他的作品。这种阅读并不会影响规定课程

---

① 伊拉斯谟（Desiderius Erasmus Roterodamus，1466—1536），也译作伊拉斯姆斯、埃拉斯默斯、艾拉思姆斯、伊拉斯默斯，史学界通称为鹿特丹的伊拉斯谟（Erasmus von Rotterdam），是文艺复兴时期尼德兰（今荷兰和比利时）著名的人文主义思想家和神学家，为北方文艺复兴的代表人物。伊拉斯谟是一个用纯拉丁语写作的古典学者，并曾撰文尖锐地批评罗马天主教会的骄奢腐败，引发了欧洲各地教会呼吁变革的声浪。

② 马努齐（Aldus Pius Manutius，1449—1515），意大利人文主义学者和印刷商，在威尼斯创立阿尔丁出版社，出版希腊文和拉丁文的古典著作。

③ 塞内卡（Lucius Annaeus Seneca，约前4—65），古罗马时代著名的斯多亚学派哲学家、政治家、剧作家，生于罗马帝国西班牙行省科尔多瓦。曾任尼禄皇帝的导师及顾问，62年因躲避政治斗争而引退，但仍于65年被尼禄逼迫，以切开血管的方式自杀。塞内卡主张：提高道德、智慧，保持精神上的安宁是人唯一的任务，倡导禁欲主义。

④ 涅波特（约前100—约前27），罗马历史学家，他的作品是学习拉丁语的必读书。

⑤ 尤斯丁（Justin Martyr，天主教惯译犹斯定），公元2世纪基督教的护教士之一，于公元165年前在罗马殉教。天主教相信他是哲学家的主保圣人。正教会与普世圣公宗也尊他为圣人。

里的内容，反倒对消化理解还是有帮助的。（2）竞赛会激发别的学生的勤奋以及对学习的热爱，因为没有哪个人（除非是那种对学习彻底漠不关心的）愿意落在最后边。（3）学生通过阅读，可以学会（在教师的指导下）怎样正确地阅读作家的作品。

这里要注意安排得当。首先，在一个年级的课程刚开始时，应让学生对必读的作家和必学的功课进行熟悉，并让这些东西装满他们的头脑，而不要让他们学这个范围以外的内容，只有在一个月、两个月或三个月以后，额外的阅读才是可以允许的。其次，不要让一个学生读各个作家的作品，正确的做法是让一个学生集中读一个作家的作品，而让另一个学生集中读另一个作家的作品，以免带来混乱。教师应该斟酌下如何安排学生给其他的学生讲他读的这位作家的特点和风格，并讲一下怎样开卷有益，在阅读中怎样发现值得注意的东西，在自己的笔记本上记下来。还要让教师在每周一次的课外时间，召集起来这些学生，了解一下各自都读了多少指定作家的作品，并让他们将所做的摘要朗读或者背诵出来。这样的活动，其余的学生也应该在场，这样他们如果发现有什么值得注意，或者是写得美的地方，也可以记在自己的笔记本上。这样个别学生读到的有用的东西也就分享给了全体，也就为那些才智相对一般的学生带来好处，他们没有进行额外阅读，也能掌握其要领。

与其说第三位的课程是促进智力发育的内部锻炼，不如说是促进身体发育的外部运动，并可以利用运动保持头脑清醒。尤其是游戏和戏剧表演，都是属于这一类的。

我们所理解的游戏，指的是精神和身体的运动。对少年不管怎样都不应该制止，而是应该提倡的，但是一定要妥当进行，使其有益，而不致有害。比如定点跳、适度的摔跤、玩大小球类、九柱戏、捉迷藏以及别的类似游戏，都是属于这一类的，都可以进行，而不会对身体有害。去户外或者花园散步好处也多，但是和别人一起比自己好，因为有利于练习会话、休息和恢复精力。坐着玩的游戏也是可以的，不过应该只限于那些可以锻炼智力的游戏，比如象棋等，玩纸牌和骰子则应彻底禁止，首先因为这是赌博，其次不知道是什么结果，神经上很容易受到刺激，不利于休息，还有经常滥赌会败坏名声。

我知道有些学校将戏剧表演，尤其是喜剧表演给废除了，但也有些人出于保留它们和在没有戏剧表演的地方进行表演的目的，提出了一些言之有理的根据。第一，与说教和纪律相比，在舞台上、当着观众的公开表演，对培养人敏锐的智力有更大的作用。表演可以将那些需要记住的东西以生动的形式表现出来，和单纯地阅读和倾听相比，更容易让人记住。用这种方法，可以很轻松地记住大量的诗歌、名言甚至整部的书，然而靠翻来覆去的重复能记住的东西却要少得多了，而且还不好背。第二，对学生来说，戏剧表演是最好的勉励，因为他们明白会当着大家的面对勤奋提出表扬，对怠惰提出批评。第三，对于教师来说，这种检验由他们培养的学生是不是勤勉的办法，是一种鼓励，也是展现自己努力工作的机会，这可以让他们确信，托付给他们的学生在舞台的表演是不是成功和他们的表扬有关。第四，这种表演也会让家长很开心，他们看见自己的孩子进步神速，看见他们为观众所欢迎，也就不会吝惜花费了。第五，这种方法十分适合发现突出的天才、谁适合什么课程、在那些不幸的学生中谁是更应该获得鼓励的。还有（这一点是最重要的，仅此一点就可以将戏剧表演的大部分好处表现出来），因为人的一生应当用在谈话和行动上。学校承担了教育人的任务，而通过实例和模仿这样简洁和愉快的途径，少年就可以习惯对事物的各个方面进行观察，熟练地掌握表情，随机应变，总而言之，就是在各种角色和各个方面都举止自如、得心应手，农村的腼腆作风一扫而空。

有些人的反驳一点意义都没有，他们说，在古人看来当演员可耻。

这是大错特错的，这是因为，首先，众所周知的是，像西塞罗①这样的
伟人和对自己名誉严格要求的人，也都和演员罗斯齐成为了朋友；其
次，我们绝不是在称颂演员这个职业，而是要通过表演这种适合少年的
方式，为认真办事打好基础。还有，的确有的喜剧情节比较庸俗、轻浮
和肮脏，有些诗句也比较龌龊、难以启齿，出场的角色尽是卖淫女、寄
生虫、拉皮条的人、狡猾的奴隶、放荡的花花公子等这类人；这些当然
不知道最好，更不用说让拥有良好品行的少年去扮演这些淫秽的角色的
坏处了，不过我们可以选那些好的故事（无论是世俗的、真实的还是杜
撰的），对于一个受过教育的人来说，它们有朝一日是会有用的，利用
愉快而生动的表演，不仅牢牢记住了故事，对积极、迅速地想象也是很
有帮助的。

七、关于课间休息和假期的制度

之前我们说的是和课程有关的制度，现在来说一下课间休息。因为
不能和休息相轮换的事，是无法持久的（而我们的希望是持久地发育智
力），所以一定要在学习后接着休息——也就是要有安静的间隔时间。
休息时间应该是什么样的？应该是每小时、每天、每周和每年都要有
的：每节课后，在紧张的脑力劳动后要休息半个小时，而在早餐和午餐
后要至少安排一小时的散步和娱乐。再就是每天的工作结束后要有八小
时的安息和睡眠。其次就是一周要有两次，也就是周三和周末的午饭后
所有时间不要排课，完全由个人自己进行学习和娱乐。

如果有人觉得我们在安排假期上过于慷慨了，则他应该意识到，
一年当中还有整整 42 周是用来学习的，一周 30 个学时，一年下来就有

---

① 西塞罗（Marcus Tullius Cicero，前 106—前 43），是罗马共和国晚期的哲学
　家、政治家、律师、作家、雄辩家。他出生于骑士阶级的一个富裕家庭，青年
　投身法律和政治，其后曾担任罗马共和国的执政官；同时，因为其演说和文学作
　品，他被广泛地认为是古罗马最伟大的演说家和最具影响力的散文作家之一。

1260学时。遵循我们的方法，每小时都会获得进步，那么请想一下，整整一年，我们可以积累下多么渊博的知识和才智，而整整7年又会是怎样的呢？

我这里附上各年级的课程表，课程表越简单，就越不容易出现混乱和麻烦。

午前时间

6时至7时，阅读。

7时至8时半，主要的课堂教学，以理论性的为主。

9时至10时，同上，以实践性的为主。

午后时间

1时至2时，音乐或其他愉快的数学练习。

2时半至3时半，历史。

4时至5时，文体练习。

第二节　关于建设七个班的原则和设想

我们的论述基于这样一个假定的前提——每个班都有自己的固定教室，这里分别论述和研究各个班级。

1. 各个班级怎样称呼，依据是什么。

2. 教室的墙壁用什么样的图像装饰。

3. 主要的课程选用哪些课本。

4. 在早餐后的数学练习布置什么内容。

5. 历史课的学习内容应该怎样安排。

6. 应该布置哪些文体练习，使用什么方法。

7. 补充课程（作业）的内容应该如何布置，怎样安排。

8.按照各个班级的特点，允许开展一些怎样的游戏和娱乐活动。

9.各个班级应该进行一些什么样的考查和考试，演出一些什么样的节目。

一、"门前"班（入学前的预备班）

一块钉在门上的牌子写着："不识字的人，不要进入此门。"

这句话的意思是：那些不识字的人，不应该让他们到"门前"班来，我们只允许那些已经掌握阅读的人入学。如果收了那些还不会阅读的儿童，对这个班的教师，甚至对这个班的所有学生而言都是一种拖累。所以新生应该在别的地方完成入门的基础训练，这样，到这儿的他们就已经是识字的了。

为了让进入这个班的人能在感官上获得教益，要在他们所有注意力所及的地方比如教室的四壁，写上他们将要在这里学习的课程的主要内容，即：

（1）拉丁文字母（包括大写和小写，古体和斜体）的标准书法，学生要学会并可以临摹。

（2）名词变格和动词的变位规则。学生在最初学习名词变格和动词变位时，当他们还不得不借助这些写在他们面前的规则时，他们对此不会感到厌烦。以后，当他们在不断的练习中已经切实掌握并巩固了这些学到的规则后，就会喜欢凭借记忆进行回答，因为用眼睛看着回答容易让人感到疲劳。

（3）在学年结束前，学生必须牢牢记住的一些最简短的、富含人生哲理的道德训条。

（4）第一册供"门前"班使用的课本名叫《事物的极限》。它讲述了组成世界的"最基本的事物"，讲述了语言赖以发展起来的词根。因此，它将孩子们一开始需要掌握的，并且是最起码的基础知识以及为孩子们补充的道德教义都包含其中了。

也应该为数学的教学规定一个明确的方针，让大家都知道柏拉图那个挂在自己学校门口的牌子——"不懂几何学的人勿入此门"并非戏言。古代有一个不错的章法，就是让刚刚接触智育学习的少年，从数字和度量的学习开始，并且提前进行一些这方面的训练。世界以及所有和谐的东西，也正好是按照数量、度量和重量组成的。就连我们的心智，也是通过对数量、度量和重量的研究而获得的启迪，获得分析的能力，从而可以更好地对事物进行研究。因此，我们将对现实世界各种事物之数量关系进行研究的科学命名为数学，也称为"科学"。

实际上，对于那些不懂数学的人而言，很多事物的秘密都远没有被揭开。因此，在儿童进入泛智学校的时候，我们将通往卓越智慧的初阶放在最开始，好让儿童在学习字母时同时学会了数字的读写和理解。这对他们可以理解并且容易地解释"门前"班所用教科书里的数字，是非常有必要的，这是他们学习数的开始。在几何学方面，我们没有教给他们什么的打算——只是让他们画点、作线；在音乐方面——会进行音阶和视唱的练习。因为我们不能让诗人不懂音乐。狄亲斯托克曾因为反感里拉而被认为缺乏教养。

除了班级课本外，没有别的历史教材。为了让学生经常可以从听到的故事里来拓展自己的想象力，让他们对历史产生兴趣，可以为他们讲述课本中的某个故事，用他们的本民族语言。

文体练习无非是抄词、译成本族语言，以及还原翻译、变格、变位等，有时是照着课本或者墙上的变格、变位表进行，有时则是在靠着记忆。可以在学年结束时进行一组连词成句的练习。

出于让学生可以更加勤奋地自学书法和绘画的目的，我们不会安排除此之外的任何别的补充作业。

可以游戏，不过前提是要适合儿童的年龄特点以及民族风俗习惯。

这个班将进行一种公开考试形式的戏剧演出：每个学生选一个对手，不断地向他发问；在学年的第一学季末，提问的内容从《初阶书》

的第一章中出，第二学季末则从第二、第三章的内容中出，第三学季后用剩下的各章的内容，在一学年后，则从《初阶书》附录中的语法内容方面进行提问。

如果组织得好，那些参加了这场戏剧演出的人都可以在这一活动中获得不少收益，在拉丁语、哲学及逻辑学的基础知识上会有不小的进步，这是毫无疑问的。

二、入门班

一块钉在门上的牌子上写着："不懂度量知识的人，不要进入此门。"

这句话的意思十分好懂，因为要清楚地解释事物的各种差异，会用数比较多，所以一定要打好数学的基础——起码是我们为第一班所规定的范围内的知识——再到这儿来。

要在墙上挂上这个班所用的教科书里描写的一些事物（在当地无法直接观察到的）的图像，比如可以这面墙上挂人造物的画，另一面墙上挂自然物的画，本民族语言里应该注意的特殊语法规则可以挂在另外的两面墙上。

这个班使用教程的第二册作为课本，它在形式上，把语言和事物分开编排，即词汇表（拉丁语和本民族语互相对照）、文法（为自然、洗练地组合言语而进行的充分、鲜明的描述）和课文（适合入门班程度的"造物简史"）这三个内容编排在一起，构成一个相互照应的统一整体。

在算术上，学生要掌握加法和减法；几何上要掌握平面上的作图；音乐上则一定要彻底掌握视唱。

这个班的历史教科书就是《入门书》的正文。如果教师在给历史课安排的一小时内一直在温习《入门书》的正文，如果他可以在适当的时候，利用任何一个（学生在上一个课时学过的，不管是单词还是内容，学生都已掌握的）材料，采用吸引人的方式，为学生讲一些实用的东西，好以此来吸引他们的注意力，将他们的才智激发出来，如果他是一位勤奋的教师，就可以相对容易地激起学生总想听一些史实的愿望。

这个阶段的文体练习，要有单句和复合句结构的内容。

学生应该可以找出受任何一个词（无论是名词、形容词、动词、副词还是前置词等）支配的词，还可以按照规则组成句子。进行这种练习六个月以后，学生可以开始练习用词来组成各种类型的句子，这方面的练习可以进行一整个学季。在最后一个学季里，他们可以进行句子的分析和造复合句的练习。

为了不给还没有彻底成熟的智力增加负担，分散精力，最终贪多嚼不烂，这个班没有增设规定以外的科目。他们只能学习一门基础课，即准确理解各种事物，然后把它们的名称及掌握了的东西保存在记忆里。

教师来定游戏的种类。

可以进行这样的表演：根据《入门书》的课文内容，编成若干个问答，然后给学生分配角色，用对话形式进行表演。

三、"内厅"班

"不擅长口头发表的人，不要进入此门。"

这句话应该按照西塞罗所说的那句话的意思进行理解。西塞罗说过，他无法教会一个还没有学会谈话的人怎样演说。如果说这个班的教学内容是润色词句，那么，谁能将他本身没有的东西进行美化呢？所以我们要求来到这儿的人要懂得简单的、自然的语言结构，要不他到这里来是毫无益处的。

如果装饰教室的墙壁，用一些优美的图片和挑选出的有关藻饰言辞的训诫，一定会有不小的好处。

教程的第三册（内容是事物和拉丁语修饰语的介绍）是这个班的主要课本。第三册要补充进来用优美文体写的索引，和被称为拉丁语词典的目录，这些内容揭示了用各种不一样的形式来让词语变得丰富多彩的方法。（有一点要记住：第二班是在表明纯拉丁语的源泉，这个班——

第三班，则是在介绍它的溪流。）

算术方面进展到学乘法和除法；几何方面开始学习物体的图形；音乐方面，不仅要学习交响音乐，还要学习拉丁语诗歌的基础知识，包括加图 ①、奥维德 ②、提布鲁斯 ③ 等人的作品。

这里只做改简单句和复合句的练习。第一个月练习变动词和句子成分的位置，后两个月练习替换用词，这是一种难度较大的练习；第四、第五个月练习成语的使用，第六、第七个月练习转喻和譬喻的用法，第八、第九个月练习扩展句子，第十个月练习缩句（对于掌握了扩展的方法的人来说，进行缩句的练习是很容易的）；最后第十一个月，可以试着学习一下音律学的原理。

我认为给这个班安排补充作业的做法是大有问题的，学生既有的作业已经足够多了；他们需要牢固地记住语言中各种变化的方法，还要对这些变化进行细致的观察，并可以熟练地进行模仿。只有所有的学生都可以讲述任意一个拉丁作家的作品，并使用这位作家的语言将内容表述出来时，这个班才可以说是取得了丰硕的成果。

在一定的时间内安排一定的休息时间是允许的。

可以演出一个名为"游戏学校"的节目（这些节目可能已经有了），用喜剧的形式。这些节目不仅将最惹人喜欢的事件表现了出来，还生动地介绍了这个班的情况。

---

① 加图（Marcus Porcius Cato，前 234—前 149），通称为老加图（Cato Maior）或监察官加图（Cato Censorius）以与其曾孙小加图区别，罗马共和国时期的政治家、国务活动家、演说家，前 195 年的执政官。他也是罗马历史上第一个重要的拉丁语散文作家。

② 奥维德（Ovid，前 43—17），奥古斯都时代的古罗马诗人，与贺拉斯、卡图卢斯和维吉尔齐名，一般认为奥维德、贺拉斯和维吉尔是古罗马文学的三位经典诗人之一。罗马帝国学者昆提利安认为他是最后一位一流的拉丁爱情诗人。

③ 提布鲁斯（Tibullus，前 55—前 19），古罗马诗人之一。著有二卷本挽歌诗作，他最喜爱的主题是浪漫爱情诗和田园生活之趣。

四、哲学班（同时附带希腊语的学习）

"不懂历史的人，不要进入此门。"

这块牌子的意思是：还不认识事物本身的人，是无法洞察事物的根基的。因为一定要在对事物的研究开始前，了解都有些什么东西，研究要从哪里着手，以及研究要如何进行。所以，要让人清楚，哲学的大门只向那些可以叫出现实世界的事物名称，变化它们的称呼，并且能区分开它们的人敞开。现在，因为研究工作不再只停留在表面，而是深入到了内部，所以对事物的本质进行研究就有可能了。不具备这个条件的人是无法学好哲学的，这可以说已经是一条定论了。

教室里应有介绍事物的各个方面和部分的挂图，要有和代数、几何、机械（静态的）、解剖学等有关的挂图，还要有具有一整套设备的化学实验室的挂图等。

算术方面，学习比例的规则（所谓的三重规则），几何方面，开始学习三角学以及和它相关的静力学的原理，这里还要补充下器乐的学习。

学生可以在自然历史的学习中获得极大的愉快，并且变得更加聪慧，从而可以对在自然界里所碰到的一切进行更好的解释；可以从普林尼、艾里安等人的著作中选编一部分内容，形成一本自然历史课本。

出于文体训练的目的，一个教师应该对古代文学家的作品进行介绍。所以，这个班应该安排学习希腊语的课程（正规的教学时间没有给这门课程留出一点时间，如果转到增加的学时内又不合适，因为很有可能会被忽视）。因此，我们把它安排在作为文体练习的午饭后的一小时内，希望不会对拉丁文体的练习产生影响，因为这种拉丁文体的学习还要在下一班进行，更何况用的历史教材是作者专门为这个班使用流畅的文体编写的，它提供了多方面的、和各种事物有关的知识，再加上紧随其后的语法和修辞考试，能够吸引学生的注意力。

总而言之，希腊语是这个班一门要学的补充课程。虽然我不否认这种语言内容非常多，学习本身非常困难，但是我们进行的是培养真才实学的教育，就像这所学校所要求的那样，不懂希腊语，无论怎样都是不行的，如果有了困难，应该加以克服。

关于游戏，我不打算说些什么，在我看来，学生会渐渐地、越来越多地收回放在游戏上的注意力，放在正经的事上的。只要是符合人的天性、符合儿童年龄特点、有益身心的休息，都不要禁止。

五、逻辑班

"不懂哲学的人，不要进入此门。"

这块牌子的意思是：如果一个人不能做到用事物的形象来充实灵性，也就是体察事物的能力，那么他就无法领悟，并在某种程度上掌握事物，探索事物。何况这种可以为人类所感知、探求、追索的事物，是在一个现在任何东西都没有的领域中！这里可以理由充分地引用这样一句箴言：一个单纯的逻辑学家，是一头纯粹的蠢驴。所以，为了不让人变成蠢驴，我们不想让那些一无所有，脑袋空空如也的人（或者像亚里士多德①愿意说的那样：一个字都没写的白板）到这个班里来。倒不如先让他去接管事物的形象，以此来充实自己的灵性——准确地说，是先让他去接受一些事物的抽象概念（像我们在上一个班——哲学班做的那样）。到那时，再让他加入这个班，他就能够学会掌握他已经获得的所有宝贵的知识，也可以迅速地、有意识地对这些知识加以运用，来获得他所需要的东西。

———————

① 亚里士多德（Aristotélēs，前384—前322），古希腊哲学家，柏拉图的学生、亚历山大大帝的老师。他的著作牵涉许多学科，包括了物理学、形而上学、诗歌（包括戏剧）、音乐、生物学、经济学、动物学、逻辑学、政治、政府以及伦理学。和柏拉图、苏格拉底（柏拉图的老师）一起被誉为西方哲学的奠基者。亚里士多德的著作是西方哲学的第一个广泛系统，包含道德、美学、逻辑和科学、政治和形而上学。

　　建议制作一些图画，也就是经过精选的逻辑学规则图，可以是经过艺术描绘的灵性显示图，也可以是灵性向物的领域的扩展图，或者这两者都有，再补充一些经过深思熟虑的、认定为有益的图像也是可以的。学生现在是没有独立制作它们的时间的；而在未来的生活里，当他接触的事物要求他这样做的时候，他就可以有时间了。

　　这个班使用教程的第五册作为教材，这本书的内容包括人的智慧向各种艺术领域的飞跃，以及人的智慧所应该达到的上限。在这里为事物形象所充实了的人的理性，又会回转到人本身上来，可以更加清楚地认识自己，即对自己和他人对事物的看法进行一番检验，这样可以在各种情况下，自如而准确地将各种推测和事物的本来面目区分开。这本教材一共由三部分组成。第一部分是物质部分，即无限智慧的那部分，它介绍的是人的智慧已经做出的，和将要做出的那些发明创造，以及在创造的过程中所迸发的艺术力量。第二部分是阐述"逻辑艺术"，来取代形式主义的部分；它表明人的理性思维的整个工场被装备得非常好，所有的一切都可利用分析、综合和组合的（对比或比较）方法来发现，并且整理得井然有序，真实的东西和可能的或虚假的东西得以区分开来。第三部分是附录，这里列举了人的智慧可能发现的（思路对头和在思路迷茫时有可能发现的也包括在内）所有事物的索引。

　　这个班午饭后的娱乐活动是这样的：

　　（1）算术方面，按比例分配和位移律，虚拟的假设；（2）几何方面，测量长、宽和高；（3）地理学和天文学方面，两个半球的概况介绍；（4）光学方面，学习几个主要原理。

　　出于让历史课的教学迈出比较重要一步的目的，我们在课程里安排了各种发明创造情况介绍的动力学史（某种东西是在什么时候、什么地方，因为什么，是偶然发现，还是因为思考或者循迹发现的）的内容。对学生的智力发展而言，这将是一种非常好的养料。

　　在文体方面，是重视经典作家，尤其是拉丁语鼎盛时期的那些作家的时候了，原因是尽管我们的学校对物更关心，而大多数的智者，又都对愚蠢的废话持鄙视的态度，西塞罗那种智慧的辞令才是他们所推崇的，但是我们却要两者兼而有之，不能只求其一。就像闪光的宝石，我们更喜欢为它嵌上金边而不是铅边，装饰金戒指要用宝石而不是玻璃片一样，已经为心智所接受了的东西，应该竭尽全力，用最美好的语言将其表达出来。而因为文体品级有所不同，所以我们认为，应该在这个阶段练习，掌握中品，也就是历史学者在写作中用到的、适合叙事的文体。因此这个班的文体练习，就应该对以下优秀历史学家的作品进行研究：科尔涅利·涅波特的《希腊的著名统帅》、库尔齐的《亚历山大的业绩》、恺撒的《评述》，等等。

这个班不会布置补充作业。不过，那些想要让自己的希腊语水平得到提高的人，是会迅速地去找一些名作家的作品浏览的，如苏格拉底的内容通俗、语句优美的演说词，西拉比、普鲁塔克等人的道德论丛等。

猜谜竞赛等活动也可以作为休息时的一种娱乐形式。

最优秀的演出，可以成为一种结合了方法、逻辑和形而上学三者的艺术竞赛。哪怕最初会出现在三者中的一者有些突出的情况，而稍后三者是一定可以协调起来的，理性地调遣智慧宫里的所有知识，让三者在一起亲吻。如果有 50 人加入这样的戏剧演出，那一定是饶有趣味的，并且会让人从多个角度看到，理解语言、论证和行为的艺术的最基本原理，应该怎样正确地去理解。

六、政治班

"不会理性思维，或者没有逻辑经验的人，不要进入此门。"

对人的思维来说，逻辑是一种界限，但是对于在国家生活中发挥作用的人来说，就像大家公认的那样，逻辑是合理的、应该遵循的原则，而且和其他的原则相比，应该是指导与被指导的关系。

这个班的图像应当是非常精致的，以将正确次序的威力，以及次序对人所具有的约束力展示出来。这类图像可以是四种不一样的人体图像：（1）某些肢体残缺的人体图；（2）有多余肢体（如两个头、三只眼睛、四个胳膊等）的人体图；（3）五官不正的或畸形的人体图；（4）健美匀称的人体图。

"全知宫"的第三部分供这个班作为课本使用，它是人类社会的合理性（这种合理性延伸到如此之远）的代表。应该将目前为止聚集起来的一切知识之光（因为所有这些指的是人类的社会生活），作为一种比别的东西可以更好地满足人类生活需要的事物，摆在人们的眼前。

午饭后可以开展这些文娱活动：算术方面学一些逻辑思维，几何学方面搞一些结构设计，地理方面则可以按照天文学中与行星和日、月有关的理论，制作一个精致小巧的宇宙模型。

这个班的历史课，应该将风俗习惯史纳入进来，只要整理好这部分内容，它也会变得非常有趣而又有益。

讲解名作家作品的目的是学习文体，因为在散文方面选的是塞勒特和西塞罗的作品，在诗歌方面则选择了维吉尔[①]、贺拉斯[②]等人的作品。至于如何使用这些材料，我已经在《关于语言的最新教授法》一书的第 17 章里进行了详细的说明，这里只须补充几点如何开展文体练习的建议。学生们应该对自由地表达事物形成习惯（更何况他们已经具备文法、修辞和逻辑方面的专门知识），他们必须遵循艺术的规则，可以不用准备、脱口而出，如就着教师给出的一个实物，或者作为竞赛材料的题目，或者编一个提前准备（但不应用太多的时间）的难题报告。所有的人在进行这项练习时，都要用散文的文体完成，谁也不能例外。相

---

① 维吉尔（Publius Vergilius Maro，前 70—前 19），古罗马奥古斯都时代的诗人。其作品有《牧歌集》《农事诗》及史诗《埃涅阿斯纪》三部杰作。

② 贺拉斯（Quintus Horatius Flaccus，前 65—前 8），奥古斯都时期的著名诗人、批评家、翻译家，代表作有《诗艺》等。他是古罗马文学"黄金时代"的代表人之一。

反，在练习诗歌时，就不应该大家在一块儿进行，因为诗人是天生的，不是每个人都可以成为诗人。在时间紧、学习最必需的知识勉强够用的情况下，如果学习诗歌，未必能从中获得什么收益。因此不应该让这类无益的或没什么用处的东西占去了青年人宝贵的时间。最好是教导他们向蚂蚁和蜜蜂学习，在青年的时候多做些储备，以备老年的时候用，千万不要像夏天过得欢、过了夏天就挨饿的蜻蜓那样。穆列特针对诗歌艺术的特点，对他的兄弟郑重地提出建议："写不好的诗——可耻，写平平常常的诗——丢脸；写好的诗——对于那些不是专门从事诗歌创造的人来说，又太难了。"这样说不是说可以因此再也不读诗人的作品，或者禁止那些喜欢诗歌的人开展诗歌的练习了。按数、度量、成分的作用挑选出的词和意义的这种和谐，里面包含了极其美好的事物；那些自己不敢研究诗歌，又不让自己的学生研究诗歌的人是读死书的人，他们让自己，也让自己的学生无法获得这种最崇高的、让人心旷神怡的美的享受。

为了让这个班的每个学生都努力勤奋，可以允许他们读一些在教师的建议下挑选出的优秀作家的作品，可以像榨取作品的汁液一样，摘录出那些特别好的词、优美的特别是思想性好的短语，除了这个以外，我没有别的补充作业要推荐了。同时，还应该建议让学生习惯正确地将自己的意思表达出来，并且储备一些中肯的格言。到了必要的时候，他们既可以将其当箭去射目标，又可以在相互的比赛中用上这种技能。此外，应该允许甚至推荐那些有志对希腊语进行深入研究的人，对如修昔底德这样的历史学家和赫西俄德这样的诗人等作家的作品进行阅读。

如果需要我谈些和休息的形式有关的，我倒是觉得可以随各人的意愿行事。不过有一点要注意，那就是休息不能没有，但是也不能太多，否则游惰就会产生恶德。

第二章
正确的方法应该表彰

（1651 年 2 月 13 日，在帕特克拉丁语学校第一班，即"门前"班
开学典礼上的致辞）

最尊贵的校长，最有名望、最为人敬重、最光荣的教师们以及全体
学生们！我们在这里集会，目的是实施我们的决心：对我们的青年学生
队伍进行整顿，在学习文化的战斗中，为他们选出一个首领，率领他们
投入战斗，也就是为初级阶段的学习开一个好头。说实在的，在我看
来，将这件事放在我们彻底准备好战斗必需的所有武器后，也就是实现
我们的目的所需的全部书籍印出来后再进行是更明智的，不过因为印刷
设施的匮乏，这些书籍还没有开始印刷。考虑到可能发生的一切，我担
心我们的事业会因为上述情况而停滞不前或者放慢脚步。即便是这样，
因为你们不想再这样拖延下去，所以我也就不再固执己见，愿意顺从你
们的愿望。即使我们的事情会像通常的那样出师不利，那也不算是什么
罪过。我只请求一点：假如我们没有一下子就获得预期的成绩，可不要
归咎于我和我所倡导的方法。事情一定会一点点好起来的。

为了让这一希望可以鼓励到你们，我决定在今天这次集会的开头，
先简单地讲一下使用正确方法是多么的荣耀，益处是多么的大。

为了能让你们更有兴趣地听我说下去，我打算仿效一下至圣先师，
利用寓言故事来揭示我所要阐释的道理，我要给你们讲一下在古代广为

传颂的迷宫探路，以及利用幸运得到的阿里阿德娜引路线而走出迷津的传说。请留神，我的承蒙厚爱的听众们！我会尽量让你们听的时候不会觉得枯燥，听了以后不会觉得后悔。我一定尽力让你们感受到获取知识的乐趣，我会向你们证明，对我们的事业来说，虚构的传说有多大的益处。

不过我一开始，还是要按照古人讲述的那样再讲一遍这个传说，然后再讲一下它在我们现在的教育机构中的应用，也就是分析一下秩序混乱会带来哪些危害，以及井然有序会有哪些益处。

这个传说，古人是这样讲的：克里特岛米诺斯王 ① 的妻子名叫帕西淮 ②，这个女人淫荡得出奇，她和一头公牛私通，后来生下了一个怪物，这就是牛首人身的弥诺陶洛斯 ③。后来天才的建筑家代达罗斯 ④ 逃亡到了克里特岛，被奉为上宾的他因此向米诺斯王表示，自己可以在建筑艺术方面为他效劳，于是米诺斯王就让他建造了一座迷宫，这是一个在里面很难找到出口的建筑物，米诺斯王想将那个杂种怪物囚禁在这里。最后代达罗斯将迷宫建成了，他挖空心思，在迷宫中布设了众多的大殿、僻巷、斗室、过道，还有忽上忽下的楼梯，无论是谁进来都会

① 米诺斯王（Minos），在希腊神话中，米诺斯是克里特之王，宙斯和欧罗巴的儿子，拉达曼迪斯和萨尔珀冬的同胞兄弟。古希腊的米诺斯文明就是以他的名字命名。他是冥界三判官之一（另两人是拉达曼迪斯和艾亚哥斯）。

② 帕西淮（Pasiphaë），希腊神话女性人物之一。太阳神之女，克里特岛米诺斯王之妻。阿里阿德涅之母。米诺斯王与波塞冬发生矛盾后，波塞冬遂诱使其怀孕生下牛头人身的弥诺陶洛斯。后为阿里阿德涅与雅典王子忒修斯合谋所杀。其事迹常反映于相关古典作家之著述中。

③ 弥诺陶洛斯（Minotaur），希腊神话中一个著名的半人半牛怪物。在古希腊人的想象中，弥诺陶洛斯具有人类的身体，但长着一颗牛头和一条牛尾巴。据说帕西淮在弥诺陶洛斯婴儿时期还曾抚养过它，但弥诺陶洛斯在长大之后就变得非常残忍凶暴。

④ 代达罗斯（Daedalus），希腊神话中的著名工匠，来自雅典，墨提翁的儿子，厄瑞克透斯的曾孙，厄瑞克族人。

迷惑，永远都无法找到出去的大门。于是米诺斯王将弥诺陶洛斯关进迷宫，与此同时他又下令将那些判了死刑的人都推了进去，打算让他们饿死，或者成为那个怪物的盘中餐。后来，雅典王的儿子忒修斯①在强烈的好奇心的驱使下也来到了克里特岛，他被抓住了，即将要被推进那座迷宫。但是年轻英俊的他得到了米诺斯王的女儿阿里阿德娜公主②的爱怜。阿里阿德娜曾经从代达罗斯那儿知道了怎样从迷宫走出来、最终摆脱死亡命运的办法。这个办法其实十分简单，却非常的行之有效：将一个线球的一端拴在迷宫的入口那里，然后边走边放线，这样就能够顺着线再原路返回，回到入口这里，也就从迷宫走出来了。这个妙法果然奏效。从迷宫逃出的忒修斯带着救了自己一命的阿里阿德娜一起远走高飞了。后来，忒修斯的父亲去世了，忒修斯继承了雅典王的王位，建立了丰功伟绩，以至公认的能和赫剌克勒斯的功绩相提并论的人，只有他一个。创建体育学校也是他的功绩，就是将人们的相斗引向各种竞技的艺术，尽管这些竞技现在仍局限于体力和身高上的角逐，这种野蛮的角逐和艺术一点都不沾边。

这就是那个传说，听众们，古人用他们的智慧，为这一传说赋予了什么样的寓意呢？神话学家的解释是这样的：这里的迷宫，实际上指的是人类生活的复杂性，生活中处处可见各种各样的困难，想要摆脱困境，只有依靠绝顶的智慧。对于那些处于统治地位的人，比如那些人民

---

① 忒修斯（Theseus），又译作特修斯、提修斯等，传说中的雅典国王。纪德的长篇小说《忒修斯》即以其为主人公。他的事迹主要有：剪除许多著名的强盗；解开米诺斯的迷宫，并战胜弥诺陶洛斯。

② 阿里阿德娜公主（Ariadne），古希腊神话人物，为克里特国王米诺斯与帕西淮之女。她爱上了雅典英雄忒修斯，并且在代达罗斯给予的一条线的帮助下使其杀死了米诺斯囚禁于迷宫中的半牛半人的妖怪弥诺陶洛斯。后来，她与忒修斯一起逃离了克里特岛。她的结局说法不一。一说她被忒修斯抛弃后愤而自缢身亡；一说她在纳克索斯岛与酒神狄俄尼索斯结婚；一说她在塞浦路斯死于分娩。古希腊诗人与艺术家多以其作为创作题材，影响深远。

的王和大公们来说，这一点尤为重要：总会有无穷无尽的困难出现在他们的面前，一个比一个艰巨。这正是为什么几乎所有的作家都总提到忒修斯。至于忒修斯，如果他没有得到代达罗斯的秘诀，最终他也不会逃出迷宫，这则意味着在从事一些伟大的事业时，如果缺乏灵感和才智，只靠力量与顽强是永远不够的。我们现在最有名的神话学家诺埃里，就是这样对忒修斯与代达罗斯的传说进行解释，并应用在人类生活中的。

这一传说在人所从事的各种事业当中都可以应用，将它视为一切困境的生动体现。

整个克里特岛之王米诺斯可以视为宇宙之王——上帝的代表，他的妻子、人的代表帕西淮，和撒旦（魔鬼）、地狱的公牛，淫乱之后生下了一个怪物——弥诺陶洛斯，这是人和魔鬼的种子杂交产生的精灵，它既有高尚的特征，那是迷人的天堂中才有的神的特征，又具有低劣的印记，那是来自地上的、不像样子的、粗野的。这就是我们人，既想当神仙，但是又带着魔鬼的痕迹：我们既像上帝那样，拥有通晓所有的能力，但是违反起法规来，又和魔鬼完全一样。宇宙之王为了对我们进行惩罚，就将乐园变成了一座迷宫。所罗门提供的整个世界像一个大迷宫，由无数个小迷宫组成的说法依据就是这个，我们都在这无数的小迷宫里迷失了方向，我们每个人都在自己的小迷宫中徘徊。你们不信？不用怀疑。没有比下面讲的事实更可靠的了，对于每个人来说，这是经常发生的事情：他所从事的行业（对产业主来说是他的产业，对政治活动家来说就是政治，对法学家来说则是法律学，对医学家当然是医学，对哲学家是哲学，对逻辑学家是逻辑学，对语法学家是语法学），都是一个迷雾重重的迷宫，维吉尔将其称为没有出口的迷宫，加图则说是看不见边的迷宫。因为无法找到出口，大部分人的命运要么是在寻求真正的智慧和其他的福利过程中，被饥饿折磨得奄奄一息后死去，要么是成了怪物的牺牲品，也就是堕入荒诞的、注定要灭亡的邪说里面，最后被互相敌视、纠纷狂暴地撕成碎片，在全世界的国家、教会、学校的生活中，这都是屡见不鲜的。

雅典王的儿子忒修斯，指的是那些热爱真正的智慧的人（因为在希腊人那里，他们尊奉为智慧女神的密涅瓦被称为雅典娜），因为有了人的智慧，这些智慧女神的儿子生来就对一切都有一颗好奇心。他们偶尔也会被别的走上邪路者影响而落入迷宫。不过宙斯王的女儿是永存的，她维护智慧，并随时对智慧出现的偏差进行纠正，她对这些智慧的儿子心怀怜悯，助他们一臂之力，让他们得以从迷宫逃出。这里我再强调一下，他是靠着最简单的，但是又十分行之有效的办法，巧妙地逃出迷宫的。是啊，还有比引路线更简单的吗？这中间有的只是放长线，解不开的结子和复杂的形式都不存在，除了随机应变和坚持不懈之外，一点特殊的地方都没有。但是要知道简单（或者称为心诚）和直截了当（或者称为正义）在面临各种困难的情况下，神的智慧启迪我们进行自我解脱时正是这么说的。大卫说："保佑了我的，正是简单与直截了当。"基督说："对你的身体来说，灯盏将是你的眼睛，如果眼睛是明亮的，那么你的全身也在发亮。"所罗门也说："为人清白的人就会平安无事。"由此可见，简单，还有直截了当、统一（或者称为同一）、驯良，这就是神的智慧给我们准备好的手段，我们可以用其去对付人类所有的阴谋诡计。如果可以，我现在可以举一两个例子给你们看看。

在医学里，阿里阿德娜的引路线，就是节欲和素餐再加上适当的体力劳动。在世界的最初阶段，那些族长用这个取代了所有的治疗手段，而且他们差不多都活过了一千岁。那时节欲的人真的非常幸运，他们从来没听说过世上还会有丸药、灌肠术、服用泻药、皮肤切口、放血等诸如此类的、对肉体的折磨。

在法律学的迷宫中，忒修斯逃命用的引路线，就是伸张正义、寻求善良，判决案件要从仁爱出发，或者即便不能施以仁爱，那么至少在判决时要宽容一些，因为只要从仁爱出发，宽大地作出正确的判决（从不偏袒不法的行为和人，从不刁难有理的人，善良的人和事永远都要表彰，恶人坏事则要揭露并惩罚），那么所有的恶人坏事就不可能逍遥法外，而有道德的人和事必然蔚然成风，越来越多。如果一个国家所有的人都能努力地寻求善良、伸张正义，那么这个国家一定是非常幸福的。而如果背离了这个方向，那么法律行业的人越频繁地奔波，就会将这个领域的迷宫搞得越复杂，最终人被弄得精疲力竭，那些可能出现的复杂案件就会阴差阳错，根本无法理出个头绪来，最终获得失败。

我们现在来说说学校领域中的迷宫，找到让我们走出迷宫的阿里阿德娜引路线。在学校当中，最大的迷宫首先是需要学习的科目数量太多：语言、哲学、数学、伦理学等名目繁多。假如我们笼统地看待学校当中学的这些知识，这就像是一座稠密的森林，人们都无法穿行，又像是一个海洋，取之不尽、用之不竭。其次，这些需要学习的科目是如此的五花八门，人们看一眼，简直就要头晕目眩了！最后，讲授这些科目的方法是如此的混乱，以至于每一个想从科学花园穿过的人，都会碰到无数条弯路，这些曲折迂回的弯路会把他搞得头昏脑涨，根本别想找到通向智慧光明世界的出口，大部分人都只能陷入空想的峡谷里，并最终在那里为自己掘下了坟墓。

显而易见，学校当中急需这样的引路线：一种学习方法，是在深思熟虑后确定下来，虽然简单易行，但是能够让人顺利地、大胆地深入科学的各个峡谷当中。而且这种方法要无比的可靠，无论它延伸到的领域有多么的纵深，都不会偏离科学征途的大方向。这样的教学法由我们所掌握——这样一种又好又灵活可靠的方法，包含了许多人的智慧，显然有和阿里阿德娜引路线相媲美的资格。

既然已经掌握了这种方法，我们就不想再瞒着你们这些雅典人的后代、表密涅瓦的子孙、智慧的子孙了！

那么掌握各门学科的，最简单易行的方法是什么——现在限于时间，我们不能详尽地阐述，我只能简单地介绍一下。你们也都是饱受宠爱的忒修斯，没有亲身的实践经历，是不能对这种方法有深刻的体会的，你们只要虔诚地照着我们的指南去做，只要不觉得我们的方法太简单。你们应该知道，要打算从语文科学迷宫的这一边走到那一边，顺利通过一切曲折途径，没有被吞噬或者牺牲，可以经常使用分析和综合的办法。

不管你们堕入什么样的隐秘处所，分析能够做到让所有东西都无法逃脱你们的注意力（注意力可以说是一切形式的渊博知识的基础）。至于综合，则是将身处理论峡谷的你们重新领到有所作为的开阔地。如果你的手上再有一支"比较"的蜡烛的话，那么不管你们身在何方，都会一直随身带着光亮。你们觉得我在说谜语吗？这些谜语，没有具体做过的人，是无法猜中、无法弄清楚的。总之，不管传授的是语言、历史、哲学，还是别的方面，将许许多多有待学习的东西照亮，让人可以利用智力上的触类旁通，一起学习那些一样和不一样、有差别和截然不同的事物。我们克服了一个困难，这意味着我们也保证了其他好多困难都可以克服了。不过就像我前面说的，在这里我没必要对这种最好方法的奥秘进行详细的解释。

这个奥秘可以在所有的规则中得到阐发，有待于获得实践的不断证实，它对你们之中的每个人，都不是不可知的，只要你们自己愿意。

现在，我们就举一个讲授拉丁语的例子（好让这一工作将来会更加完善）来说明一下，传授初学者知识的迷宫在哪里，为数众多的孩子、年轻人、成年人、壮年人甚至包括一部分老年人，经历了整个童年时期、青年时期甚至是一辈子，才勉强地找到了迷宫的出口，而还有些人，甚至直到人生的尽头，也没有找到出口。在我们的学校里，但愿这种让人倒霉的迷宫将不再是迷宫，而是赏心悦目的花园。我们不妨将完整的教学过程划分成三个阶段，也就是三个班来进行。在第一班，我们不妨经常利用实物和词汇的相互对照，为粗浅地掌握拉丁语和粗略地欣赏文艺作品打下基础；第二班，开始讲授语言的结构；第三班，在此前的基础上加上美化语言的课程。这三个班的学业完成，学生就可以进入更高一个层级的教学天地了，如果我们用类似的方法出一些具体的习题，再采用一些其他手段，和习题保持一致，那么就可以顺利地进行更高一个层级的学习了。

对你们来说，现在还有很多代达罗斯这样的人，他们处心积虑地为青年人设置迷宫，利用你们的好奇心诱惑你们上当受骗；还有很多善于以假乱真的怪物，已经有不少青年落入这些怪物的魔爪，成为了可悲的牺牲品。在这样的态势下，你们难道还要对现在我们交给你们的、能让你们轻而易举地穿过迷宫的阿里阿德娜引路线说拒绝吗？

我想你们不会的。我希望，并且我已经发现了，你们是如此的兴致勃勃，如此勤奋地顺着这条路开启并继续你们的学业！祝愿你们都能拥有良好的学习态度，孜孜不倦地奋进！啊，你们应该相信，只要你们在业已开始的学习道路上斗志昂扬、脚踏实地、持之以恒，你们的理想一定可以实现！

第三章

关于正确命名事物的好处

（1651 年 3 月 14 日在帕特克拉丁语学校第二班即入门班开学典礼上的发言）

谢天谢地！万物复苏的春季即将到来——就要是春分时节了。此时地球上每个民族那里的白天和黑夜都是一样长的，而接下来又将是阳光灿烂的季节。这时太阳位于北方的黄道十二宫，接近于垂直地立在我们的头顶上，没有从我们的地平线离开。

亲爱的学员们，让我们正确地得到那种根据事物的自然进程而引出的结论，正确地完成那种我们靠着自己的技能和努力承诺一定要实现的事情。

我们在前不久开办了一个拉丁语学校的初级班或者说叫预备班，还给这个班的学生补充了一些教程，好让这些初学者在这个班上为事物和语言的认知打下坚实的基础。今天我们需要开办第二期班也就是入门班。在这个班上，我们要用简单和自然的方式讲授事物和语言的各种结构，对象是那些真正教育的年幼拥护者，好让他们为获得更高的知识在智力上做好充分的准备。

我现在既然在发言，似乎需要我说点什么，于是一个问题就产生了：我的发言该选择一个什么样的题目呢？当然，阐述顺序和渐进的好处，并证明这种必要性是最好的，也就是进入教育宫不要走窗户或者地道，而是走门前、入门处、内厅。但是不能离题太远，这样看来，最好是告诉你们如何认识正确命名的好处，因为对于整个教育来说，正确命名不仅是一条主要的道路，而且是一扇敞开的大门，可以直接通向教育。当我就这一题目讲出自己的观点时，请你们耐心一些，注意听我的话。如果我可以引起你们必要的重视，就不会浪费你们过多的时间。

众所周知，表扬或者批评的本质是了解，如果之前都不了解，那么根本不能进行表扬或批评，对任何事情都是如此。如果没有提前约定好所谓的命名指的是什么，那么在你们——我的学生面前讲述和正确命名事物相关的好处，我的这种尝试将会没有效果。如果你们想听，那我就为你们将这一点讲清楚。

词构成了人类的语言。词和某种不存在的事物没有关系，但和它们表示的事物有关系，并且在表示事物的时候，词将事物的形象从说的人的脑子中一同传送到了听的人的脑子当中。言语越好，它包含的事物和意思就越多，相反言语越不能用，它包含事物的意思就越少。因为，正是在这方面上，人类的言语要比鹦鹉学舌强，那些拥有智慧的男人的谈话，要比妇女们的唠叨强。

如果对事物的命名符合这样三个特征：（1）完整的；（2）对应事物的；（3）是深思熟虑的成果，那么这种命名通常都是正确的。

（1）如果对所有存在着的、并具有自己本身的、可以和别的事物区分开的本质的事物命名，同时包含了本身的、和别的事物相区分开的名称，以至在为数众多的事物中，没有哪个事物是没有名称的，也没有哪个事物是有两个名称的，更没有哪个事物的名字是和别的事物共用的，那么这种对事物的命名就是完整的。于是我们的言语中就不会出现语病、废话和含糊不清，并且有可能实现将我们所想表达的一切，恰当、明确、清晰地表达出来。

（2）如果事物和词的对应关系没有进行确定，那么这种命名就不见得能够实现，也就是说，如果我们对事物按照它们的顺序进行逐个的思考，那么每一个事物都应该在自己独有的名称中体现出来，反过来如果我们按照词的顺序逐个思考它们，那么每一个词也都应该有和自己对应的客体。

（3）只有对事物和词的意思进行仔细的研究，才能正确地将事物确定为词，同时也将词确定为事物。从意思联想到事物的目的是知道每个事物是什么，有哪几个组成部分。从意思联想到词的目的是弄清每个词所固有的特殊意义是什么，词的意思又是在什么地方产生的。这一点做到了，正确的事物名称表就可以确定了。

可能有人的看法并不一样：这又何必呢？对这个进行仔细分析，又有什么好处呢？日常生活中所需要的那些事物都知道了，不就可以了吗？别的事物和我们又有什么关系，又何必去追索世上的那么多的事物，去迷恋那些细小的事呢？对此我的回答是：人的本性就是这样安排的，所以它具有的智慧是独一无二的。如果你故意地避开，那么你就相当于违背了自己的意愿。人们又会提出反对意见，没了这个事物名称表，难道就认识不了事物了？这个问题就让所罗门来回答吧。他认为让他成为有智慧的人的，正是这个事物名称表。我们的研究，要将所有人都被赋予的先天求知愿望引向什么地方呢？这一贪得无厌的求知愿望，我们又将用什么样的事物来满足呢？所罗门对此证明，"万事让人厌烦，人不能说尽。眼看，看不饱；耳听，听不足"。和用一些重要的事相比，用一些无用的琐碎事填补这一求知愿望，也许会更好些？如果你从来都没有脱离人的本性，那么不管你去了哪里，你都一定会干些什么事；你会自愿或者不自愿地将自己的青年时代奉献给某项事业。但是，你会觉得不干什么也许比干什么好吗？你会将自己的闲暇时间花到那些只能带来愚蠢而不是认知、只能空谈而根本不是理智的、毫无价值的事情上吗？甚至在成年以后，那些只会说而不会做的人，都没有被认为拥有人的资格。去吧，去附和那些鹦鹉、乌鸦、喜鹊、椋鸟的声音吧！它们也可以发出清楚的声音，只是根本理解不了，所以那些声音根本不是言语，而只是一种毫无意义的、空洞的声音而已。当你说出的事物连你自己都不理解时，你就不能想象自己在说什么；这不是在说话，而是在说废话……如果你除了精通自己的母语，还精通拉丁语、希腊语、希伯来语等各种语言，即使全世界所有的语言你都精通，但是如果对建立词的基础的各种事物缺乏理解，那你只不过和一只学舌的鹦鹉差不多，根本谈不上是一位智者。因为智慧的内涵，是包括对事物清楚的、真实的、广泛的认识的，而不能只停留在口头上，就是对事物缺乏理解的、毫无意义的、鹦鹉学舌似的声音。这一点我已重复了好多次，因为无论什么时候，我都不会毫无根据地重复那种不是非常清楚的事情；何况现在的情况还是这样，这个事情恰好并没有引起你们民族的足够的重视。

我为什么听到这样的声音："谁有空闲时间谁去干那个吧，我们可没有。"为了做人，就连空闲时间都没有了吗？如果有时间去学习那种无论是否愿意都得知道的事情，那为什么有机会学习这些，而不去将其全部都学会呢？难道只是因为做一个不完全的人，要好于做一个完全的人吗？如果学习肤浅的东西有时间，那为什么学习内容丰富的东西就没时间了呢？看起来学习后者的时间应该更充裕啊：要知道学习是还可以带来无限的愉快和好处的。但是如果不学习事物就学习拉丁语，不仅是无益的，甚至是有害处的，因为没有经过事物检验的概念是不可靠的、令人怀疑的，是不切实际的。一个概念和另一个概念混淆了，所有的错误认识都是这样产生的。柏拉图曾对此正确地论述道："很多人在对话语进行研究，却没有对研究所说的事物的本身进行深入的研究。所以，许多无益的、只能把思想搞乱的问题和争论就这样产生了。"啊，他说得是多么的合理啊！要明白，这就是错误认识产生的根源——让事物去适应词，而不是让词去适应事物，也就是为了适应不正确或者理解不了的名称表，而将事物真正的本质都歪曲了。而那些清楚研究某种语言的词，却不细致比对词和事物的人正是这样做的。这样做一定会违背真理的，同时还会造成理解真理的困难。

我们倒是想要做一件好事，拉丁语学校的第二个班今天开班了，这个班就要讲授和学习那种世界上意义最为重要的事物的准确名称表。我们已经具备了开始这件事所需要的条件，也就是有一个直观的事物和词的总汇编，也就是说全部的拉丁语词汇。这个汇编很像一个完整的工厂，它和这个工厂包含的所有事物一一对应。而且所有的这些都被包含在简单的词语、短句当中，包含在连贯的词序当中。所有的中间环节（不管是词还是事物），每个环节都拥有属于自己的位置，所以这里不存在任何的重复。与此同时，这里叙述的一切都是那样的清楚、易懂和有节奏，可以令人愉快地阅读，也很容易理解，以至在学生学了、看了和理解了这些后，就产生了完全理解语言、熟悉各类事物的信心，因此对于一开始，这是必不可少的。这一总的事物名称表被我称为"语言入门"，所以这个班也就可以称为"入门班"了。

你们，要精神抖擞地去学习，要快速地找到这种"摘要"，并要掌握如何准确地把那些和事物相对应的名称，应用在各种遇到的事物上。如果你们一开始觉得有些困难，请坚持下去，因为继续地学习，会让你们很快就在精神上收获愉悦。只要你们的教师能够做到引人入胜地授课，认真地为你们演示一切，详细地讲解一切，并用合适的练习让你们觉得愉快，那么这将会让你们今后受益良多。我们现在将为你们配备第一任班主任，祝愿他幸福地将这一事业开启，这正是我们毫无保留地期待、祈祷和希望之所在。在你们努力地掌握了这种表面列举的事物名称后，你们将会相对容易地看到事物的本质，获得对事物有理有据的认知，而这种认知将伴随你们终生，成为各个方面的助手。所以如果谁想对自然、艺术、道德等方面有更深入的认识，那么他对各种事物的外部差别和特有的名称越清楚，就越容易地成为一名优秀的哲学家、自然科学家、医生、艺术家、农学家或者是国务活动家等，这正是每个人都应该走的一条路。

所以，我们准备创办的那个班，我已经为它规定好了目的，以及实现这个目的所需要的手段。

第四章

创建纪律严明的学校的准则

　　亚里士多德英明地将那种任何社会准则都不遵守的生活称为基克洛普弟兄的生活，他还指出，国家的安定靠的是遵守法律。对这一论点，另一位哲学家从反面给出了一样确切的解释：想要将一个国家摧毁，就要先从破坏秩序开始。所以我们这些希望学校这个小王国可以保持安宁的人，应该通过准则实现这一目标。正因为我们希望我们的小王国永远都不会被破坏，所以我们一定要尽全部的努力，维持它的正常秩序。这种想法也就成了我们用的《准则》，也就是一种简明而又有权威的条例，将学校规定纪律的理由阐释出来。

一、关于学校全体成员的工作和纪律的规定

　　1. 与学校全体成员的联系始终非常紧密，以至能促进总目的实现的所有活动，都应是有组织的。

　　2. 学校里应该完成的工作、所有成员，还有将他们联系在一起的纽带——纪律，彼此之间是存在矛盾的，因此应该让工作井井有条，让纪律保持严明。

　　3. 学校的工作如下：（1）实现办学校最主要的目的；（2）为实现这个目的而准备设施和条件，包括地点、时间、应该做的各项工作的范例还有书籍；（3）工作方式或工作方法。

　　4. 学校的人员主要包括三部分，一部分是学习知识的人，就是学生

和他们的学习小组长；另一部分是传授知识的人，就是学校的教师，和由校长进行监督、领导的私人教师；还有一部分是从事学校管理工作的人，就是副校长和主任。当然，还有一批由国家挑选、分派来的人，他们都是有才能和经验的人。

5. 将各个学校联系在一起的纽带是准则和执行准则，就是具有自己界限的纪律。

二、关于实现学校目的的规定

1. 一所学校最主要的目的，应该是让学校成为一座工场。要想实现这一目的，必须满足一个条件，就是参加这一工作的人都将成为这样的人：（1）明智的人；（2）能言善讲的人；（3）工作能力强的人；（4）善良的人。

2. 认识、说话和行动，是理智最主要的表现形式，是整个人类生活的慰藉，是不可缺少的，如果它们消失了，一切都将会是乏味的、盲目的和注定要毁灭的。我们所做的每种牺牲都是拥有很大的意义的。

3. 只教会怎么样说话，并不同时教会怎样理解（即教语言不是通过理解事物来教的）——这意味着不是对人的天性进行完善，而只是在装饰它的表面。只教会怎样理解事物，而不教会怎样同时行动——是一种只说不做的行为，是伪善的。还有，理解和做事时却不知道有什么好处，这是一种半无知的状态。为了培养出明事理、善于认知和行动、富有经验的人，我们的道德工场——学校，应该如此来开导人心，使得处处可以收到好的效果，而不法行为得到预防。这为整个社会生活带来的好处将是极大的。

4. 因为在生活中，人和人之间互相交流是必不可少的，因此学校作为培养善良人和人道主义的工场，应该将自己的教育对象培养成擅长和人打交道（适应各种交际场合）的人。

5. 所有学校的一切活动和训练，都应该让这些未来生活的参加者，学会面对他们未来生活中可能遇到的一切，包括知识、技能、行善、表达能力等。

6. 上边的目的如果能够实现，学校就可以变成国家的苗圃，将作为生活和幸福的卓越代表。

三、关于授课地点的规定

1. 班级的数量是多少，教室的数量就应当有多少，这样可以做到每一门课都能单独讲授，不会被其他声音所影响。

2. 每间教室里，都应摆设讲台还有足够多的凳子，后面的凳子摆放要注意前后错开，这样教师可以始终看到他所有的学生。

3. 讲台不要放在窗户的旁边或者两扇窗户的中间，而应该放在窗户的对面。这样，光线在学生的身后照进来，教师以及他的动作（尤其教师写的板书），学生可以看得清清楚楚的。

4. 教室里所有的设备都应该是整洁的，还应该是雅致的，如果有这个条件。这会让学生看到每一件东西都受到一次倡导清洁的教育，并注意起自己住处的环境，也将那里布置得整洁而优雅。

5. 对各门课程的内容进行概括，用格言、简练的句子、图表和象征性的标志等形式，并将其张贴到教室的墙壁、窗户、门和柱子上。这样的做法是很有益处的，这些材料对学生的感觉、想象和记忆的培养可以产生潜移默化的影响。

6. 学校为了举行全校性的活动，比如节日集会或者戏剧表演，应该有一所能容纳学校所有人员的礼堂。但是注意礼堂四周的墙壁上不要有装饰画，因为这里用于全校集会的时间并不多，而且是要在这里进行某项活动，学生的注意力应该完全集中到舞台上，而不能被别的事物分散。

四、关于合理支配时间的规定

对时间进行合理的支配，是各项活动顺利开展的基础。所以我们做出以下几点规定。

1. 为了方便工作和休息，分配时间的方法应该是完全相同的，每小时、每天、每周、每月还有每年的时间分配都是一样的。

2. 每个小时要有每个小时的任务，而且一定要完成。完成后可以休息半小时左右。

3. 每天只有四个小时是真正用在课堂上的，午餐后做数学游戏和欣赏音乐一小时，放学后复习功课一小时。剩下的时间都由学生自己进行支配，可以用来休息、做家务事或者参加学校开展的活动。

4. 每周的星期三和星期六午餐后的时间是自由活动时间，没有课程。

5. 一年的每个学季中都为戏剧表演安排一周的时间。演出一共要进行五天。

6. 每个年级的课程都应从秋季开始，也是在秋季结束。在这个时间以外是不招收新生的，这是为了避免给教学工作造成麻烦。如果是下面这样的情况则可以除外：个别学生在开学初期到校，并且预计他凭借个人的努力，能够赶上别的学生，他也可以保证做到这一点，就可以让其入学。

7. 每学年有四次节假日，每次都是八天。通常都是在每年的教会节日前后：（1）圣诞节；（2）复活节；（3）三一节；（4）满月节（葡萄收获季）。

8. 哪里收摘葡萄的工作离不开学校，哪里就该放假。让大脑获得适度的休息，而不是削弱它的做法是明智的。

五、关于工作榜样的规定

1. 学校里应该学习（理解、阐述、使用）的材料，应该使用一些学生在观察后能够进行模仿的事例来讲解。（没有例子，什么都学不会的。）

2. 提供给学生作为示例的材料，应该是准确无误的，这样学生模仿起来不会出错。（示例有错而模仿不错的事情是不可能的。）

3. 供学生模仿的示例，应该是事物本身，或者照着该事物制作的形象，比如图画、雕塑或者口头描述，但要让该事物的形象很直观、很生动。

4. 无法用形象来表示的事物（比如美德），一样可以模仿的，教师自己就应该成为学生仿效的榜样。

六、关于教科书的规定

1. 人们将教育我们的东西称为书，这是广义的"书"。

2. 我们的学校是推崇仁爱的，因此任何一本书它都不会排斥，除非书的内容里有一文不值的、毫无用处甚至有害的东西。

3. 我们的态度是，需要有益的书，摒弃有害的书。

七、有关教学方法的规定

1. 一种行之有效的方法是我们的教学所必不可少的，导师使用这种方法可以更快、更细地塑造青年学生的高尚心灵，让他们心地善良和纯洁，善于表达，并且富有艺术感。这和技师用自己的工具对物体进行加工，让它成为有用的产品是同样的道理。

2. 传授和学习任何东西，都要经过这样几个过程——列举示例、反复诱导、实际运用或模仿，这是教学中永远不变的法则。

3. 已经存在的、我们将其展现在学生面前的事物，就是示例。引导是指对事物是怎样产生进行解释的言论。运用和模仿，则是一种做类似的事情的尝试。

4. 以上三者之间，应该将其比例关系确定下来：示例 1，引导 3，模仿 9。具体来说，如每课时的时间应该这样分配：用 1/6 课时来展示和观看事物，用 3/16 课时进行讲授和消化，3/4 课时则用来模仿、做练习和对错误进行纠正。时间不这样安排，课是上不好的。

5. 上理论课时则用这样的方法来进行复习，不再模仿：对学生进行检查，教师为讲清楚所学材料而用的示例和解释是否都已经掌握，是否已经理解，是否可以用一样方法对所学的材料进行转述。

6.各地都应该采用这样真正实践的方法（学习所有东西都通过亲自观察、亲自阅读、亲自实践的方法），让学生在每个方面都达到教师的要求。

八、关于考试的规定

1.学校的各种考试，如（1）学时考查，（2）学习考查，（3）学周考查，（4）学月考查，（5）学季考试，（6）学年考试，都非常重要。

2.任课教师主持学时考查，学习小组长主持学习考查，学生自己进行学周考查，校长主持学月考查，学校的主任主持学季和学年考试。

3.每节课上，教师都要考查学生（即使不是面向每个学生的个别考查，如果学生比较多的话）。有时是观察他们是不是专心学习，有时是以提问的方式进行检查（比如：请重复……我刚才讲的是什么？你是如何理解的？）。

4.每天学校结束所有课程后，学习小组长和他的组员一起复习，对这一天所做的事情进行检查。学习小组长应努力让小组的成员对已经正确理解的材料做到熟练掌握。

5.学生在每周的星期六午休时，对自己进行考查，互换名次的比赛我们是提倡进行的：每个名次较低的学生都可以向本组名次较高的学生提出竞赛（跨组竞赛也是可以的）。如果后者输了比赛，就将自己的名次让给对手，自己成为低名次；如果没输，就还保持原来的名次。

6.校长每月对各个班级进行一次巡查，要进行严格的考查，检查当月的教学任务是否完成，以及完成得是否认真。

7.学校某个主任和校长一起主持学季考试，好了解和别的学生相比，谁的记忆力、语言表达能力更好，同时还要了解公开为学习勤奋的人发奖时，谁最值得让大家关注。

8.学年考试要特别隆重地进行。在秋天，在升到下一个年级之前，学生要参加一项考试，这项考试学校全部的主任都要出席。学校通过考试来检查是否完成了整个学年的各项任务，不管是整体还是局部，是不是已经取得了应有的成绩。逐一对全校学生进行考试是不可能的，或者是说非常难以实现的，因此学校允许采用军队所用的那种较为灵活的考试方法，即随机挑选某个学生，让他回答和这一年里的学习有关的问题，或者使用抽签的方法，每个小组选出若干个学生，他们会站在自己小组的前面，代表全组应试，学校来检查他们是否已经全部掌握了这一年来所学的材料。这些学生并不一定是班上学习成绩好的人，而是通过抽签偶然选出来的。如果他们的考试合格，那么就可以相信别的学生考试一样也能合格，这是没有假象的。

9. 如果在考试中发现有的学生成绩太差，那么学校主任会和校长、教师一起作出决定，是允许他们接着学习，还是让他们的家长前来将他们领走，让他们另谋生路。

10.最后是进行升级，原来的年级只留下当学习小组长的少部分人。

九、关于戏剧表演的规定

我们之所以要说一下戏剧表演，是因为在应邀前来观看演出的观众面前表演，学生是有这个必要的。在学校进行这类活动益处很大。每个人的一生都要说话，都要做事。这就需要用最快的方法，需要用可以作为示范和模仿的、还最令人愉快的方式，来对年轻学生进行引导，让他们学会对事物进行区分，面对这些差别，会马上作出反应，让自己的表情及肢体动作符合所处环境的要求，让自己的行为妥当，会调整自己说话的声调，会选择合适的词汇，不管扮演什么角色都合适，都是彬彬有礼的，看不出一点乡间的腼腆表情。由此我们作出如下规定：

1. 每个学年，各个班级都要派本班学生上台表演四次。

2. 从每个学季学习的内容出发，分派各种角色进行表演。

3.各个班级的表演，都要在同一周内结束。所以，低年级一天演两场，上下午各一场。

4.最隆重的那场演出，要安排在学年末、学生升级之前。

十、关于休息的规定

我们的教学方法，因为和某些娱乐活动的联系，要求将我们的各种智力练习都视为游戏。尽管如此，学生的年龄特征却要求他们加强身体的活动来打发时间，在开展智力练习时，也不应对学生的这种要求予以拒绝。所以，我们不仅不应该设置障碍，正相反，还应该想方设法，来促进他们在品德和学习上的进步，这就需要遵循以下这些规定：

1.游戏这种活动应该是这样的：它要让学生习惯于不将游戏当成一件事，而是将其视为一种附带的东西，所以，在严肃的教学活动完成前，没有时间来休息和做游戏，这就像只有在身体疲劳时，才会产生休息和睡眠的要求，只有在吃完正餐后才能吃甜食一样。

2.游戏活动应该不仅对振奋精神有益，还要可以增强体质。（所以，柏拉图一直在强调这样一个观点：如果不锻炼精神，就不要锻炼身体，反过来也是一样。）所以我们希望远离那些紧张的、会让学生身心俱疲的游戏，也力戒那些于身心健康有损的游戏。那么有益的游戏有什么呢？坐着玩的游戏，一些可以让精神保持着紧张、对能否取得胜利怀有希望或担心的游戏。掷骰子、打扑克等一些需要运气的游戏或有奖游戏，也属于有益的游戏。学生的游戏应和运动相结合进行，比如散步、跑步和适当的跳跃等。

3.游戏时要注意确保生命的安全，对健康没有影响，也无伤大雅。有些人比较冒失，他们在爬树、游泳、摔跤时总让自己处于危险当中。

4.游戏活动不妨成为做某些认真事情的开端（如那些移植自经济、政治、军事生活领域的游戏）。可以去城外游玩，对田野、树林、牧场、花草、葡萄园和那里的劳动进行观察。也可以讲解一些工程建设计

划和模型，并对师傅们的劳动情况进行近距离的观察。还可以组建一支
军队，任命一些统帅和长官，模拟组织战线、进攻军营等活动。不过参
加游戏的人如果想能够享受到各类游戏的乐趣，那就应该在大家中选出
一个领导人，由他指挥游戏活动，还要让每个人都习惯轮流地进行指
挥，也习惯服从命令。开展这类游戏的方法可以灵活变换，这样从中收
获的益处，并不会比乐趣少。

5. 游戏活动要在参加的人觉得厌倦前结束。要清楚的一点是，他们
想在游戏中获得的是娱乐，而不是烦恼。

6. 最后，即便做不到每次都参加，教师也应经常参与学生的游戏活
动。这是非常重要的。当然让教师参加不是为了获得休息，而是为了避
免发生不道德的行为。

7. 如果上述规定能够得到严格遵守，那么游戏就不只是一项娱乐活
动，还是一项认真的活动：可以增进健康的运动，也可以让大脑获得休
息，也可以是为某件事情进行的准备，也可能是以上这几项都有的综合
性活动。

十一、关于操行的规定

前不久，我们决定用概要的形式将模范行为守则出版。我们希望可
以做到人手一册，人人都来学习这个守则，遵守这个守则，让我们的学
校成为培养学生高尚品德的工场。为了实现这一目标，我们作出如下
规定。

1. 我们的每个学生不管做什么事情，都应该是出自于爱好美德，而
不是担心被惩罚。

2. 他们应该做什么，不是取决于他们是否感兴趣，而是取决于守则
中是否规定，是否为教师要求的。

3. 应该让学生在应该做的每一件事中，掌握预见它的目的、发现方
法和找到有利的时机。

4. 所以，除了那些目的美好而光明正大、追求其不会觉得害臊、实现了也不会后悔的事以外，别的什么事都不要去做。

5. 如果某件事已经开始做了，那就要坚持做完，不达目的誓不罢休。

6. 但是，实现某个目的路程不应该时起时伏，而是要循序渐进，让事情按照自己的计划发展，而不能仓促。

7. 要让学生擅长学习那些有益的东西。（这一点在任何情况下都应该注意，并争取做到。）

8. 在工作中，每个学生都应该培养聚精会神而不是漫不经心的习惯，所做的每一件事都应该是经过了深思熟虑的。

9. 不允许有人对自己的工作漠不关心，无论是谁。（如果发现某个工作中的人情绪比较低沉，那就要分配给他多一点的活儿；如果暂时没有正经事可做，那就不妨让他去休息，这总要好于让他游手好闲着。工作热情、机智灵活、能够吃苦耐劳——这是人生最宝贵的财富。）

10. 在睡觉、吃饭和饮酒方面，我们的学生也应当有所节制，不能过分。（我们是为缪斯而不是巴考士建的雅典娜女神庙，而不饮酒的人是理智的世界所需要的。）

11. 我们的所有学生都不允许睡午觉（它既对身体有害，也于精神有损）。大自然已经给了我们夜晚和黑暗作为休息的时间和条件，而光明和白天，就应该用于工作，而不是睡觉。睡午觉是来自匈牙利人的坏习惯，我们应该用谈话、散步、做游戏等活动取而代之。

12. 我们每个学生都应该注意保持自己的身体（这是灵魂的住所）的整洁，并通过锻炼让它健壮，而不是弱不禁风。

13. 身体不仅是灵魂的住所，还是灵魂的工具，我们要利用灵活的运动，对学生身体的灵活性进行锻炼，利用工作来提高身体对工作的适应性。

14. 我们的学校是培养理智的学校，并不是战场，因此我们学生的"武器"应该是课本，而不是刀剑。（所以，学校里是绝对禁止动用武器的。对绵羊和山羊来说，爪子、角、硬鼻子、长牙齿是一点好处都没有的。）

15. 应该彻底摒弃谩骂和诽谤之类的不良习气，即使有理，也不能使用谩骂这样的手段。

16. 不允许任何人身上存在顽皮和粗鲁的习气，无论是谁，都应该让自己的言行得体有礼，乐于为他人效劳。

17. 哪里表现出来了傲慢和鄙视他人的态度，就要在哪里彻底清除，让大家对他人和对自己身上佩戴的圣像同样敬重。

18. 有一点应该尤其注意，那就是不要让人产生侵占他人钱财的欲望，那些将他人财产据为己有的人也不能让他逍遥法外。

19. 撒谎是无论是谁都不应该有的毛病。要让每个人都敢于说实话，即使是在需要承认自己的过错时也是一样，无论什么时候，都不能犯言不由衷这个错误，这是最可鄙的。

20. 如果发现有人出现了违犯规定的行为，应该对他进行善意的规劝，被规劝的人应该态度真诚，接受他人的劝告。

21. 如果被规劝的人不能心悦诚服地接受，甚至对忠告持拒不接受的态度，那就应该送他去教师那里处理，不应该顾及私人交情，也不用担心引起他的不满情绪。与不良现象作斗争，一定要坚持不懈，绝不能坐视它蔓延滋长。

22. 此外，校长应该每周一次（比如可以是在星期日第一次午休时间）将全校师生召集在一起，先当众宣读模范行为的守则，然后对学生进行检查，看是怎样理解守则条文的用词和含义的。如果有必要，还可以让学生进行具体的解释，并举例说明。校长同时还应该检查上一周是不是有学生违反了守则。如果某个学生被学习小组长指出，或者自己承认犯了错，就应按照情节的轻重给予处分。但是惩罚要由教师自己或者委托他人来执行，如果学生犯的错误需要用处分来教育的话。

十二、关于学校纪律的规定

和学校有关的工作规定就是上面这些了。下面应该分析下，如何才能让全校全体成员的工作井然有序，先概括地说几点。

1. 校长掌管学校的花名册，每个新入学的学生都要自己亲笔把姓名登记到名册上，以此来保证自己将认真地遵守学校的各种规定。

2. 编写年鉴也可以用类似的方法，同样存放在校长那里，不过要让某个教授也有钥匙，可以打开存放着年鉴的柜子；秘书要将由校委会一致通过的如下材料记录在年鉴中：

（1）学校创建、发展和变化的所有情况；

（2）学校的校长和教授名单及变动的情况；

（3）各个时期发生的重大事件。

在年鉴中要评述所有的教学大纲、重要讲话等。

3. 每个班级也应该和一个小国家一样，要有自己的委员会，由正、副学习小组长组成，第一小组的学习小组长出任主席。

（为了让学生能够更加专心地学习，教师可以从本班挑选几个学生作为自己的助手，要选那些才能出众、学习勤奋的学生。选几个助手，则根据当年的学生人数来定，一般每十个学生挑一个助手。为了让班级的所有工作顺利进行，可以从即将升级的学生中选学习小组长，让他们留下来。因为该年级所有的课程他们都学完了，熟悉课程的全部内容，将能为教师提供应有的帮助，并在升入该年级的新生中，作为教师的助手发挥作用。但是有一点，就是不能违背那些被选中的学生的意愿。因为他们的工作是没有报酬的，也为了和其他同学相区分开，应该称他们为教师的助手。因此如果一个学生已经在某个年级尽了这种义务，那就不能再在别的年级留任学习小组长了，而应该让他们及时地升入下一个年级，一直到最高的年级。）

4. 这一点不是强迫的，而是尽量要求每个班级的学习小组长，每周至少在教室碰一次面，讨论下是否哪里出现了违反纪律的现象。如果发现有，要么由他们自己进行纠正，要么规劝那些犯错的同学自己改正。还要对他们之间出现的分歧进行调节。如果问题解决不了，就去向教师求助。

十三、关于学生家长和监护人的规定

想上学就上，不想上就不上，想上课就上，不想上课就不上，这样的风气是有害的。这样的学生是一点真正的知识都学不到的，也是根本受不到真正的教育的。显然，需要有一种特殊的方法来纠正这种坏风气。既然是这样，我们不就应该要求每一个自愿到我们这种设备完善的学校学习的学生，一定要严格遵守我们这里的纪律吗？所以，在将学生写进花名册之前，我们要让每个家长都作出下面这些保证。

1. 我自觉自愿并完全有权将我的儿子交由贵校的教师，让他们可以全面地学习科学知识，了解风俗习惯。

2. 我将孩子交到贵校，在他的学业彻底结束前，不会领走他。

3. 为了让他不断获得进步，我将尽量不让或者少让他离开学校回家。

4. 如果因为家中有某种特殊的情况需要耽搁他一下，我保证会尽快将他送回学校。

5. 如果我违反上述这些保证，导致孩子的学习成绩没有达到我的预期，我将责备自己，而决不会归咎于学校。

最后，父子还都要在花名册上签名，保证履行自己的承诺。

十四、关于学生的规定

1. 每一个被准许入学的学生，除了在有益的科学事业、良好的习俗等上取得成就外，任何其他企图都不能有。

2. 所以，无论是谁都不能像一个幽灵，而是应该成为一个有活力的、生气勃勃的人，对所有的事物都兴趣浓厚。否则，他就会被赶出学校。

3. 每个学生应该像爱自己的父亲一样，真诚地爱自己的教师，心甘情愿地、认真地听从他从各个方面对自己进行教诲。对别的年级的教师，也应该给予一样的尊敬。

4. 除了教师，学生还要尊敬教师的助手和学习小组长，对他们各方面对自己的善意教导表示听从。

5. 学生要和每个同学都友好相处，不骂人不打人，让我们学校不存在吵架等不和睦的现象。

6. 学生一听到上课的信号，就要马上进入教室，并在自己的座位上坐好，不要坐别人的座位。

7. 学生如果有急事不得不缺席，要将自己请假事由告诉值日生（自己报告或请他人转告、书面报告都可以），以便值日生向教师报告此事。如果忘了报告，第一次要给予其警告处分。如果这种事情连续发生两三次，那么就让他在放学后留下，向别的同学补学所缺的课，或者给予他处罚。

8. 教师在进行叙述、演示、讲解时，所有的学生都要全神贯注地听讲。如果教师让他们模仿，他们就要马上进行模仿。

9. 如果教师提出一个问题，每个学生都应该集中注意力进行思考，让教师所问到的每个学生都是做好了回答准备的。

10. 每个学生都应该学会怎样才能不慌不忙、清楚明了地读书、写字还有谈话，沉着而正确地思考和行动。

11. 对于每周的考查，每个人都应该进行充分的准备，好让自己得到的是称赞而不是斥责。

12. 在校内外，全体学生彼此都应该进行交谈，但是如果是谈论正经事的话，就只能用拉丁语。无法用拉丁语将自己思想表达出来的人，就别说话，或者请教他人该怎样说后再说；为了保证以后不再忘了，他应该将这些话记在自己的日记本当中。

13. 可以用拉丁语（惩罚）牌作为监督拉丁语的学习是否勤奋的工

具。每个得到了这种牌子的人，就要说一句好的格言作为处罚，而把这个牌子留一夜的人，就要说出三句格言作为处罚。

14. 每个学生都要保持身体的清洁。任何去上学的学生只要出现了没有梳头、洗脸或者衣冠不整，就要得到操行牌，受到的惩罚和得到拉丁语牌子的差不多。

15. 每个学生都应该让自己的行为符合礼节。表现出傲慢、轻率、粗枝大叶和粗鲁等毛病的人将会被严厉地训斥，并得到操行牌受到处罚。

16. 在校外走路或和别人交谈时，所有的学生也要注意遵循有关谦虚和美德的规则。

17. 那些被同学或者学习小组长规劝过，也拿到过惩罚牌，但是仍然不改正自己的不良行为的人，将会受到用树条赤身抽打的惩罚。如果仍然拒不悔改，就要送他去校长那里酌情处理。

十五、学习小组长的职责

1. 学习小组长应该对本组组员的按时到校（早于教师的到来）进行监督，并坐在自己的座位上。

2. 如果哪一天学习小组长自己无法来上课，他应该指定一个人作为自己的助手，在这一天代替自己维持秩序。

3. 如果这一天班上有人缺席，学习小组长应在教师到教室后马上将此事报告给他。

4. 他应该向教师进行汇报，昨晚都有谁拿到了操行牌、拉丁语牌或者别的惩罚牌，好让这些人背诵格言。

5. 在朗读、书写或者做别的练习时，学习小组长应该对每一个同学进行检查。发现谁出了错，要帮助他纠正。

6. 在校外，他应该注意每个同学的表现是否有礼貌，对那些在某方面有欠缺的同学进行规劝。

7. 每个学习小组长都应该关注自己的教室，包括门是否在课前及时打开，课后是否马上关好，门口是否清洁。每周轮流由一个学生负责上述这些事情。

8. 学习小组长如果缺席，上述这些事情由他的助手负责。

9. 那些十分认真负责的学习小组长，应该授予他们教师助手的荣誉称号表示鼓励。而那些玩忽职守的学习小组长，则要受到惩处，并被撤销职务。

十六、宿舍全体成员守则

1. 所有住进这里的人都应该记住：他进入的是一幢讲礼貌、有纪律的住所，要遵守这里的规章制度。

2. 所有人都要住在宿舍管理员分配给他的房间里，注意保持房间的整洁。

3. 除非得到了宿舍管理员（这里称为"楼长"）或副校长的允许，否则任何人都不得擅离宿舍。如果有事不得不离开，要注意按时返回宿舍。

4. 所有人都不得游手好闲地在宿舍里到处游荡。因为是在集体宿舍里住，必须要习惯井然有序的生活。

5. 任何人进入别人的房间，都要事先敲门，否则不得进入。

6. 任何人不得在夜晚进入他人的寝室。

7. 任何人都不得在宿舍里大吃大喝（不管是悄悄地还是公开地都是不允许的）。

8. 管理员敲门时，不管是白天还是夜晚，每个人都应马上开门。

9. 所有学生都应在晚上 8 点钟就寝（晚自习绝对不能超过 9 点钟）；应在清晨 4 点钟起床（绝对不能晚于 5 点钟）。

10. 起床后，所有人都应整理好床铺，然后半小时内搞好个人卫生，梳好头，洗完脸，穿戴整齐。半小时后做祷告，然后开始学习。

11. 除非有特殊的理由，否则任何人都不能缺席集体祷告。

12. 所有学生都应和睦相处，任何人都不可以欺侮别人。受到欺侮的人不能报复，而应该通过带有善意的调解方式，恢复双方友好的关系。

十七、关于帕特克市教育机构的规定

1. 任何要求入校的人，必须呈交一份证明材料，可以证明其出生合法、品行端正，以此证实他有被推荐的资格。

2. 然后，学校必须要考核他的才能和成绩，好了解他是否具备学习科学知识的能力。校长负责组织这种考核。

3. 如果想入学的人比预定供宿舍用的助学金的数目多，处理方式如下：那些比较贫困、其他各方面条件都一样的学生可以免交伙食费，而剩下的人只发给部分生活费；如果部分学生没有床位，那就要为他们另想办法。

4. 那些只减免一半伙食费的学生，必须将一年的费用预交给学校。

5. 那些获准入学并享受助学金的学生，可以一直享受助学金到毕业，除非他获得了某种经费，或者当上了家庭教师而自愿将助学金放弃，或者因为品行不端而被取消了助学金。

6. 所有（住学生宿舍的）学生都应该遵守这里的一切规则，甚至应该比别的学生更加努力，为全体学生树立勤奋、诚实、谦逊的榜样，而不会让别人冒出这样的看法：恩惠施给了不配领受的人。

7. 所有的人应该注意听早餐和午餐时朗诵或朗读的文章。在朗读和进餐后，每个人能将自己最喜欢的内容记在脑子里。同时还要求大家比一比训练注意力的好的练习形式，互相鼓励。

十八、关于教师的规定

1. 我们的教师应该是诚实、工作勤奋和积极的人。他们无论在表面上还是在事实上，都应该成为一个活生生的榜样，就是他们教育别人要具备各种美德的那样（所有虚假的东西都是无法持久的）。

2. 想要可以精神抖擞地履行自己的职责，以及避免产生烦恼和厌恶的情绪，他们首先不应该有贬低、看不起自己的情绪。如果有人认为教师这个职业不光彩，现在当老师只是为了挣钱的话，那么他一旦找到了一个薪金高一些的工作，就会像逃离磨坊那样逃离学校。但是我们不这样看，我们认为教师这个岗位，已经是一个非常光荣的岗位，委任给他们的，是世界上最高尚的职务。他们如果相信自己的劳动是在为人类谋福祉，他们将会和大卫一起歌唱：我遇到了最好的机会，我获得了最好的遗产。既然所有的这些都是取决于他们自己，他们将努力为了这样崇高的目标去做所有可能做的事情。

3. 这项宏伟的事业是需要冒风险的，是需要贡献自己的智慧和力量的。

4. 总之，现在迫在眉睫的，就是要用好的榜样牢牢地吸引住学生；因为后面的人通常都在踩着前人的脚印前进，学生通常都是按照教师的样子造就出来的，这是再自然不过的了。光凭着说话和发布书面命令的方式进行引导，只能让事情稍微有一点点的进展。所以，我们的教师可不能像那只会站在路边伸手指路，自己却不走的莫考莱一样。

5. 教师应该教授学生非常好地遵守人类社会的法律。而且，他们的教学最好不要用命令的方法，而是用典型的案例。所以，让学生形成温顺、冷静的性格，进而形成健康饱满的精神，将是所有教师的职责所在；让学生为柏拉图的大宴会，而不是奢侈逸乐之徒的筵席而感到高兴。同样的，教师要在衣食住行每个方面，都为他的学生树立简朴的典范，在工作上要成为朝气蓬勃、热爱劳动的模范，在行为上要成为品行优良、谦虚谨慎的榜样，在交谈上要成为会掌握谈话的艺术和时机的高手。总而言之，要成为通晓个人和社会生活方方面面道理的榜样。

6. 如果一个人头脑中的知识十分丰富，并擅长在各种事物中作出最好的选择，那么他就可以在宗教信仰和道德修养方面获得更出色的成绩。而科学是认识事物的源泉，因此不仅教师要记住这一点，他们教育的学生也要明白这一点。所以教师应该清楚、愿意并擅长让自己的全部学生的头脑都变得更加聪明，语言的表现力变得更强，双手也变得可以熟练地进行书写和做别的事情。要想将这些要求都达到，还是离不开实例、训导和实践帮助的。

7. 总之，教师就是要做到，学生能看见自己做的，明白自己讲的，这就要让他们模仿，让他们也能将你表达的事物表达出来。而在他们刚刚表现得可以做到这一点时，就要让他们进行反复的练习，直到他们可以正确、迅速地完成这件事。有个观点，甚至获得有些优秀教师的赞同：教师在让学生听写时责任是最轻的。其实不是这样的，这时教师应对学生进行观察，看他们的注意力是否集中，要用不断提问的方式对学生的思维进行激发，让他们明白。如果发现学生写错了，就要巧妙地纠正他们的错误。

8. 想要完成这一切任务，还没有枯燥无味的感觉，教师对待学生就一定要像父亲一样，真诚地盼着他们都获得成就，教师仿佛就是学生精神成长方面的父母亲。因此他们应该比较温厚而不是严厉地去做这些事情。不要忘了贺拉斯的话：把好事和有益的事联系在一起的人，一定会获得大家的支持。

学生是一些年轻人，还没有挑过生活重担，在他们这个年龄段，只会按照个人的喜好来区分事物是不是有益的，比如和真正的事物相比，他们就更想要糖和蜂蜜。

9. 那些优秀的教师，不会放过任何一个向他的学生灌输某种有益的知识的机会。总之，如果我们的教师想要让学生掌握某种好的东西，那他们无论何时都不会放过这种机会，不管这样的机会，是在校外只有少数人的时候，还是在当着学校全体学生的时候。但是如果是前者，事情将会是这样的：某个学生应该在教室里，向他的全班同学复述他单独掌握的知识。这样做的好处有两个：首先，可以让全班学生养成了解在校外给别人讲的事情的习惯，并且学会转述自己了解的事情；其次，这样可以让因为某种原因而和某个人说的事情，让全班学生都受益，因为学校的教师，应该是全体学生的老师。

10. 教师不仅自己要首先将最主要的任务完成，而且还要教导自己的学生也应该这样做，并要求他们以这样的方式遵守这一原则，而不是相反的方式。这样说的意思是，他们首先应该教的是最必需的东西——待人接物方面的美德，最后才应该是生活的外部装饰品——科学知识。

11. 在道德这一方面，他应该通过多种练习来对学生的劳动能力进行培养，让他们产生参加劳动的渴望；如果达到了这一点，他们就可以说是有了生活的法宝。

12. 每个教师都应该向自己提出本班的目标和任务，他要熟知自己要实现什么目的，并且要根据这个来安排所有的活动；如果他让自己班级所有的学生都实现了这个目标，那么他将获得奖励。如果有学生没有达到，那么他的教师将会蒙羞。

十九、关于校长的规定

1. 校长要牢记自己是全校的核心和支柱。

2. 所以，他应该让自己就是典范：道德高尚并且热爱劳动，在各个方面他都要成为活的规则和条例。

3. 他要通过精神生活纯洁、对人厚道、尽职尽责、孜孜不倦和精力充沛来维护自己的威望；他还应该对全体同人、学校教师和私人教师进行细致的观察，看他们是否服从自己的领导。

4. 校长并没有属于自己的教学班，全体学生都是他的学生。从这个角度看，校长应该像将天空照得四面通明的太阳一样，每天都要将所有学生的心都照亮。

5. 他应该时不时对某些教师的生活和教学工作情况进行检查，私下或者公开检查都可以。

6. 他应该时刻保持关注，不要让学校里发生违反规章制度的事情，让一切都井然有序、顺利进行；一旦发现了越轨的事，就要马上采取措施进行纠正，并防止不良的后果产生。

7. 有一点他尤其应该牢记，并要经常提醒自己的同事：只会训导，是不可能教育好学生的，教学的进行要利用反复的指点和不断的模仿，让教师都明白做一个激励者要好于做一个才能开导者和领导者，而绝对不能变成对青年专横跋扈的人，还要让这一点不至于成为优秀教学论的秘诀中最后的一点。

8. 他应该妥善保管学校档案（包括和学校的创建、特权、规章制度有关的材料以及各种记录和校史资料），就像对待最珍贵的宝贝那样。

9. 他还应该用同样的态度将花名册严加保管，并将每个进校和离校学生的姓名记在上面，最好让每个学生自己亲自签上去，并写上当时的年、月、日。

10. 他要第一个向每个入学或希望入学的人宣读学校规章，并询问他是否可以作出保证，会遵守这些规章。他要让对方明白，只有服从学校的规章和奖惩制度，并亲笔签名作为保证的人，才能获准入学。

11. 外国人和外来者，他应该殷勤地予以接待。

12. 那些想离开学校并要求出具学习勤奋、品行端正证明的人，他应该按照其实际情况和成绩评定分数。

13. 他应该对那些需要中学教师的城市和学校保持关怀，出具相关的证明，将当之无愧的人推荐过去。

14. 他要撰写校史，并将所有的重大事件写进学校的年鉴。不过有些最重要的问题，他不能按照自己的想法进行记录，而是要提前召开校委会，征求大家的意见。

15. 他应该坚信这样一点：赏罚公平是办好学校的基础，并根据这一点施行奖励和处分。

二十、关于监察员的规定

斯巴达人在莱库古那里得到了一部优秀的法律，一直到他们为法律配备保卫者，也就是法律卫士之前，他们都不觉得这个法律具备足够的力量。这样的论断是非常明智的。因为没有付诸实行的法律，再好也是一纸空文。而如果没有配备法律卫士，法律就无法开始执行。

所以，为了让我们学校的准则获得施行，任命法律卫士也是必需的，让颁布了的规则永远都有效力。而在我们中间，那些肩负着和大量的不学无术和野蛮行为作斗争的使命、并已经获得打败敌人的武器的人，不应只靠着挥舞武器来斗争，而是还要凭借真正的、严厉的压力。我们将这些人称为监察员，他们的职责如下。

1. 他们应该明白：他们肩负着关注国家（也是现在和未来人类幸福的基础）的苗圃的使命。所以，他们要时刻注意，不能让这种社会事业遭到一点损害。

2. 他们应该视学校为他们一定要很好美化的斯巴达。因为别人为学校服务，更多的是在用自己丰富的学识，而他们则不一样，更多的是在用自身的榜样和志向为学校效力，因此他们应该可以用自己的警觉性让一部分人醒悟，利用自己行为的合法性，引导另一部分人遵纪守法。

3. 他们应该对学校里那些学识渊博、做事方法高明的教师表示关心，就好像对为了这样的使命而诞生的人关心一样，也就是那些将自己的一辈子都奉献给了上帝和青年，并为国家造福的人。

4. 他们应该清楚：从学校利益的角度出发，学校里始终有这样的人，要好于频繁地更换。他们应该希望，并努力实现让可以引导青年的人一直在领导学校。

5. 如果因为时间的流逝，某人最后对这项工作感觉厌烦了，想去从事别的职业或退职，那也不必强留（这和对待被锁在磨坊里的奴隶很像）。强留不会为学校带来一点好处的，一切自愿，才是学校需要的。在放他走的时候，也不应该表示愤慨，或者对他进行侮辱性的谴责，禁止一切于他的荣誉和尊严有损的事情发生。

6. 正因为按照智慧和真理的最高庇护者的名言，每一个工作人员要无愧于自己受到的奖赏，所以作为他的代表的监察员的职责是：使教师也能得到公道的和足够的薪水，使他们中的任何人不至于去藐视自己的职业而去干别的事，或者至少使他们没有理由对自己的工作漫不经心或贪图钱财。（说真的，如果做了工作得不到奖赏，工作就会变得使人厌恶。）

7. 他们应该注意已被任命担任这项工作的人是否十分熟练地完成自己的每一项职责。为了做到这一点，他们要经常（或是一起，或是单独地）到学校去，参加各项工作，并以此激励教师和学生不断地努力。这样他们就不会认为这对他们有困难了，因为图尔纳的出现鼓舞了士气，听课的人能激发师生更勤奋地工作和学习。

8. 他们应该特别留心，有学生在场时要使教师的威信不受侵犯并保持下去，要防备教师受到低劣的评价。轻视教师会直接导致整个纪律的破坏。

9. 假如发现某个教师，甚至校长、最主要的教师在生活方面有恶习或弱点，或工作马马虎虎，他们不应该置之不理，而应友善地劝导有过失的人。但要与他单独谈，不要让任何一个学生知道，不要提供不尊敬师长的借口。

10. 为了尽可能不打乱教学秩序，解雇和重新录用某位教师一事，一般应该安排在进行新学年准备工作的时候，也就是学生升级的时候。

11. 有一种很明智的说法：对人类的保护应该首先表现在摇篮里（即主要在幼年时期就必须防止沾染恶习）。

12. 如果有（也应该有）几所学校，那么监察员应该注意使所有的学校在各方面都完全一致，使教师们齐心协力。

13. 我们要特别提醒的是，有一种指派根本不识字的人去照管初学者的非常流行的习俗。其实，需要的正是很有学问和极有智慧的人帮助初学者打下正确的初步的基础。因为谁知道得较少，教得也就越不清楚。如果启蒙阶段就一知半解，那在以后的阶段就更糊涂；在小事上无能的人，大事也做不好。

14. 最后，监察员应该十分清楚：赏罚分明是维持学校这个王国的基础。因此他们应该加倍注意，不使任何美德得不到奖励，也不使恶习不受惩处；这样他们才能轻而易举地使一切规章行之有效。

二十一、有关学校纪律的规定

1. 学校从上至下无论谁都不得有任何破坏规章制度的行为。

2. 然而，为了处罚得当，应该有根据过失轻重程度制定的、大家都熟悉的处分等级。我们学校最厉害的处分一般为用树条赤身抽打，稍轻一些的是合理的训斥。抽打时要注意保护头部。

3. 由于疏忽而不是明知故犯的过失不应严惩，但同时又不能因为姑息而使过失越来越严重。明知故犯必须杜绝，并视为一切罪恶的根源加以铲除。

4. 如果有人由于自由散漫，不注意听讲，东张西望，阅读或书写与上课无关的东西，说闲话，分散自己和别人的注意力或犯有上述同样性质的错误，就必须即时给他指出，让他遵守秩序，直到他改掉这些毛病为止。

5. 那些吵嘴、打架、赌咒、骂街、不尊重他人、和不道德的人交朋友而于自身名誉有损的人，一定要严加训斥，让他引以为戒。

6. 违反和学习语言有关规定的人，要给予其一定的处罚：不讲拉丁语的人就要惩罚他背诵拉丁语单词、句子还有故事。

7. 无中生有地和自己的家长或者监护人、朋友告自己同学、教导员或者教师的状的人，一定要予以严厉的处罚。这样做的原因，不仅是他泄露了学校的秘密，还说了谎话，对教师忘恩负义，用他的谎话破坏了人与人正常的关系，还把善良人的情绪都扰乱了。

8. 如果学习小组长明知故犯，就要加倍地处罚他，以此来对别的学生进行警告。如果发现他出现了失职行为，就应该撤换掉他（如果可以找到一个称职的人替代他的话）。因为他的行为不端会把另外十个人带坏，进而导致学校的纪律被破坏。

9. 如果有哪个高年级的学生，在学校里散布藐视或亵渎规章制度和纪律的言行，那么他的直接领导首先应该单独对他进行开导。如果不起作用，那就应该在全体集会上批评他。如果还是无效，那就要向校长报告这件事。校长应该组织召开校务委员会，将事情的经过弄清楚，并惩罚犯错误的人；如果这个学生依然拒不悔改，那就应该开除他。除了开除这种严厉、可怕的手段外，我们不想使用更严厉的手段。这正像赶走羊群中那些坏透了的羊，不让它把别的羊带坏一样。

10. 为了让学生对纪律是畏惧和尊重而不是嬉笑或憎恨的态度，我们就应该严格地、坚决地维持学校的纪律，但是注意不能是戏谑或狂怒的态度。所以在领导青年时，态度要温和而不轻浮，在处分时可以斥责但不能尖刻，在惩罚时要严格而不残酷。

二十二、关于遵守准则的规定

1. 经验告诉我们，我们大家其实是比较容易去做坏事的（特别是在青少年时期）。可能只需要几个小时内，就因为游手好闲或者放荡行为而变坏了，以致无法很快让灵魂重新恢复纯洁。所以，我们应该经常维护规则，时刻保持高度的警惕。否则什么规章制度都没有，和有规章制度但不遵守就没什么区别了。要知道，疯狂挣脱规章桎梏的放荡行为所带来的危害，要比完全不受束缚的危害大得多。

2. 古人常说这样一句话：为将规章制度建立起来而进行的斗争，难度要比造几堵墙大得多。这么说是有道理的（因为没有墙壁一样可以生活下去，但是一个没有法律的国家无论如何是无法存在下去的）。所以，学校安宁的源头就是对各种规章制度的认真执行，这是毋庸置疑的。

3. 但是阿尔希齐莱说的话，同样也是有道理的。他说：哪里医生多，哪里疾病也多；哪里法律多，哪里的犯法行为也多。所以，学校要想获得安宁，主要靠的不是增加规则的数量，相反，靠的是对已经颁布的规则的切实遵守。因此，不要轻易增加新的规则，除非特别需要。坚持执行这些通用的、数量不多的、行之有效的规章是最好的。

4.西塞罗说过，规则对所有人是完全一样的效力。所以，我们要尽力做到规则对每一个人，不论是谁，都是同样的有效。规则不应成为只能将小蚊子抓住，但是却被胡蜂等大昆虫撕破的蜘蛛网。

5.学校现在不敢将某个变坏的学生开除（只因为他出身富人或者贵族，或者有别的方面的考虑，不想让他自己或家长难过），更不愿意将那些酗酒、自由散漫、玩忽职守或者在某些方面无耻下流的教师开除，这正是学校纪律不健全的表现。

后 记

上面这个准则是专门为帕特克学校制定的，不过并没有得到实施（因为建立七年制学校的努力失败了）。但是我还是将这个准则汇集在这里，好不让它包括的好条文散失了。而帕特克学校如果发生了纪律性薄弱的状况，就可以在这个准则里面获得启示，找到正确的解决手段。如果别的学校能从这些规则中获得某种益处，我们也一样会很高兴的。

第五章

1653 年为青年制定的行为规则

首先要养成善良的性格，接着要学会智谋，因为没有前者，后者是很难学会的。

——塞内卡

在学业上获得了成绩的人，如果在善良的性格方面比较差，那就会比他获得的成绩还差。

——民间俗语

一、关于一般的性格

1. 道德的基础是人的一种精神情绪，人有了这种情绪，行动就会令人愉快，以此获得善良的人们的喜爱。

2. 青年人，不管你在哪里，你都要记住，你是在当着众人的面。

3. 所以，千万不要当着他们的面，做出某种不成体统的事。

4. 为了你的良心，愿你的灵魂保持纯洁；为了众生，愿你的面孔和举止、你的言语和整个外表保持洁净。

5. 但是你不应当带一点点的虚假和做作，自然逼真和真正的善良是你所有行为的唯一准则。

二、关于面部表情、整个身体状态和动作

面对所有值得尊敬的人时，你的举止应当注意这些细节：

1. 站得笔直。

2. 脱帽。

3. 面部表情既不能悲伤或者忧郁，也不能不恭敬或者变化无常，而是要温柔、自然而谦虚。

4. 额部注意要舒展，不能皱眉。

5. 眼睛不要乱瞟或者斜视、东张西望，这是没礼貌的；也不要呆呆地看着，而是要一直谦逊地注视着和你对话的人。

6. 鼻子要干净，有了鼻涕及时擦掉。

7. 不要噘起嘴唇，要保持自然的状态。

8. 不说话的时候，嘴不要大张或者歪着，也不要紧紧地闭着，而应该是微微地合着的状态。

9. 不要咬嘴唇，不要伸舌头。

10. 伸直脖子，不要歪着。

11. 两边的肩膀要一般高，不要一边高一边低。

12. 手不要乱动，不要有搔头、挖耳朵或者掏鼻孔、揪头发或者其他不妥当的动作。

13. 如果是站在那里，就要双腿并拢，笔直地站着，而不要像鹳一样一条腿站着，也不要双腿叉开，而是要稍微合拢。

14. 如果是坐在那里，就要坐姿端正，后背不要靠墙，不要用胳膊肘撑在桌上，不要侧身弯腰，也不要跺脚。

三、在自然愿望下的行为

1. 你要做就要做得得体。

2. 如果你想笑，就要笑出声，不过要注意适度，不能放声大笑。(别人说什么做什么，都报之以笑，这是傻子——轻浮的人也这样，什么事情都不笑，这是呆子。在这个方面应该保持中庸。)

3. 如果你的唾液多得难受，那就吐掉，但是要注意向旁边吐，避免吐在别人的身上。(频繁地吐唾沫是不文明的，而吞咽唾液就和动物类似了。)

4.如果你的鼻涕多得难受，那就擤出来，但是不能用袖子和帽子，要用手帕或两个手指（并且要将身子转过去）擤鼻涕，这样可以不将手指弄脏；然后要用脚擦掉鼻涕，以免引起别人的厌恶。

5.如果你感觉自己要打哈欠、打喷嚏或者咳嗽，就要将身子转过去，或者用手捂住嘴巴，还要尽量不发出声音。

6.放屁是可耻的，这一点要切记。

7.请只在远处将污秽清除，如果你多多少少要注意点礼貌的话。

8.大声呼噜和打鼾，与其说这是人的，还不如说是熊的本性。

四、关于发型和服装

1.圣徒的头发不允许长到能遮住前额或者垂到肩上的长度。

2.不过无论你的头发是什么样的，都要经常梳洗、保持干净，不要出现脏东西、头屑和虱子。

3.要穿戴着干净的衣服、帽子、鞋子和腰带，不要被脏物、灰尘或者别的更脏的东西弄脏了。

4.没有完全穿好衣服就出门了，就像把礼服或者雨衣搭在肩膀上一样，这样的做法更适合于小丑，而不是从事学问研究的人。

五、关于外出

1.如果没有洗脸、梳头和穿好衣服，不能去社交场合，无论什么时候。

2.在街上或者别的人们能够看见你的地方，要注意举止端庄，让任何人都无法挑出你的问题。

3.你的步态要注意合适：走得不能太慢，因为这样会显得比较懒散，但也不要走得太快、太急，因为这样会显得轻佻。

4.走路的时候，应该不疾不徐，从容不迫；不要跑跳，不要双手来回摇摆，不要转向，不要低着头看地面，也不要回头看等。

六、在谈话时

1.说话的作用是教与学，如果不在这范围里，最好别说话。

2.如果需要说话，那么思想应当先于语言产生，而不是反过来，也就是如果说了什么不合适的话，再感觉难以继续下去，或者想要将其收回。

3.为了让人听清楚，发音要清晰。

4.说话的声音要平静柔和，不能尖锐刺耳，也不可以嘟哝自语，让对方很难听见你在说什么。

5.你说话就用舌头说就可以了，不要用手或者头甚至整个身体，也就是说话时身体不要摆动，也不要加上手势。

6.如果你在提问或者回答别人的问题，言语要注意清楚、简练。

7.在对方还没有结束自己的发言前，就打断了他，这样的行为是最不礼貌的。

8.如果交谈中得提及某件于礼貌有失的事情，那就要先说一声对不起，或者将这件事转述出来，让不怎么礼貌的东西在对方听来，措辞也是十分的得体。

七、早晨的行为规则

1.献身科学的人就不会是贪睡的人，睡了7个小时后，他就马上去上班（奥罗拉——缪斯的女友）。

2.起床后将头发梳好，用干净的水洗脸、洗手、漱口，将衣服穿戴整齐。

3.祝福每一个见到的人。

4.问候后就要开始一天的学习，想一下你需要在这一天都做些什么。

5.想好你都需要做什么后，就要认真地将其完成，为了让一切顺利进行，让一切都得到合理的支配。

八、在学校里的行为

1. 要像急着去玩那样（玩的时候的确是这样）急着去上学，无论何时都不要逃学。

2. 当天和课堂上你所需要的学习用具都随身带好。（向其他同学借用书、纸、笔和墨水是很不好意思的事情。）

3. 要立即坐在自己的座位上，不要占了别人的座位。

4. 教师没来之前，不要闲聊和喧闹，以免打扰了别人，无论哪个方面的举止都要温雅谦恭。

5. 如果你有了有学问的教师，有了教科书，但你仍然是无学问的人，你应对此感到惭愧。

6. 日记的作用是辅助记忆；在日记中，你需要在那些你还不知道，但还需要你熟读的地方做上标记。不记日记，或者马马虎虎记日记，都是学习不认真的学生的显著特征，也是要予以否定的。

7. 如果有一小时或者一天，你没有掌握一点新的知识，学识没有一点进步，你应该认为这是不幸的一天或一小时。

8. 一放学就要马上回家；不要停留，不要逛街，不要做一点不成体统的事。

9. 如果你在家里需要服侍自己的父母或主人，那就去服侍，不要有一点拖延；如果你被派遣去了某个地方，那就要认真地将委托给你的事务完成，并要立即回家，要知道学习对任何方面都是有好处的。

10. 你服务后其余的时间，要用在复习已经掌握的知识上。（在生活中，没有什么东西要比时间还宝贵；失去时间，就等于失去生命。）

九、关于对待教师

1. 要热爱教师，就像热爱父亲，在他的监督下，你可以感受到最大的愉快，这是在任何其他地方都比不了的。

2. 应该在言行上对每个教师表示尊敬，并听从他们的话。

3. 要将教师视为活生生的榜样（在教养和道德方面），并极力在各方面对他们进行模仿。

4. 教师在说话时，要认真地听他说；当他用话语或手对某一事情进行提示时，要仿效这件事情。当他指出你的错误时，要立即将错误改正。

5. 要避免对教师的侮辱和伤害。

6. 一切有可能挨打的事情都要极力避免。

7. 如果你因为犯错而要被惩罚，就不要发牢骚；如果你因为美德而被表扬，那就应该高兴起来，并努力获得更多的表扬。

十、关于对待同学

1. 要视所有的同学为朋友和兄弟。

2. 要和大家友好相处。

3. 除了学业，不要有任何争斗，无论因为什么，即使是因为学业，也不要去争辩或者采取敌对行为，而要用勤奋去和对方竞争。

4. 对那些谦虚、学识渊博的同学，应该更加热爱他们，并主动地和他们交朋友。

5. 要想超过那些因勤奋而被表扬的人，就要经常和他们竞赛。

6. 为了不在你要竞赛的人面前示弱，还要超过他，就要尽自己最大的努力。

7. 失败时，不要生胜者的气，但是这种失败应该成为一种鞭策，让你将来可以战胜胜者。

8. 在这样的情况下，胜利也要胜得漂亮，失败也要败得光彩；不管胜利还是失败，都是勤奋和勇敢的砺石。

9. 没有决心参加上面这种竞赛的人，将会受到人们的耻笑和鄙视，就像懒惰的动物一样。

十一、对所有的人的态度

1. 只结识那些可以让你（或者你可以让他）成为高尚或有学问者的人。

2. 要像躲避毒品一样，离那些轻佻的朋友远远的。不健康的谈话会将本来良好的风气带坏。

3. 但是我们还需要生活在人世间的喧嚷里面，所以应该注意，不要拿某种不成体统的行为当作榜样，自己对此还一无所知。对人的态度，要听取一些明智的人的劝告。

4. 要热爱每个善良的人，不可激怒一个凶恶的人。

5. 不要自暴自弃，也不要让别人陷入绝境，也不要鄙视别人。

6. 无论是谁，都不要发生争吵和谩骂。

7. 对任何人都要保持和气，对任何人都不要发脾气。

8. 如果有可能，施以恩惠要好于接受恩赐。

9. 不可追求表扬，但是要努力去做值得表扬的事情。

10. 遇到任何人都要问候他；那些值得尊敬的人，你甚至要记得脱帽，让位置给他，并对他点头表示敬意。

11. 对别人问候你，要给予回应。

12. 老盯着某个人还有眼睛一直死盯着不认识的人是不礼貌的行为；但是谁都不看也是愚蠢的。

13. 要学会习惯经得住可敬的人的注视：过分的害羞，那是乡下佬的做派。

14. 如果你和一位职位非常高的人交谈，你要记得提起他那受人尊敬的爵位。（如果和你交谈的是你不认识的人，或者你忘记了对方的身份，那就一定要特别注意礼貌，如果你对有学问的人的称呼是老师，那么对地位平等的则是朋友或者兄弟。）

15. 不要赌咒发誓，你的话要明确，要么肯定，要么否定，不要含糊。

16. 如果你犯了错，不要抵赖，要承认自己的错误，并请求对方的原谅。

十二、吃饭

1. 如果你有伺候开饭的机会，就要热情地为大家服务，关照大家。

2. 吃饭时，如果你是晚辈，要和长者在一起坐，就要提前注意不要让自己有任何和公序良俗相抵触的事情。

3. 以下这些行为都是没规矩的表现。

（1）还没请就坐下。

（2）占着显著的位置。

（3）将胳膊肘放在桌子上。

（4）或者反过来将手放在桌子下面。

（5）用手掰食物或者用牙齿啃食物。

（6）从别人那里抓走好吃的食物。

（7）将匙盛得满满的，像装车一样。

（8）将很多食物塞到嘴边。

（9）弄脏了手。

（10）用牙齿啃骨头。

（11）将残羹冷炙放在别人的面前。

（12）取出嘴里的食物，又放回盘子里。

（13）吃东西时，聊天、发笑或者搔头等。

（14）边吃边闲聊。

（15）嘴里含着食物喝酒。

（16）从嘴边溢出了酒，或者边喝边咂嘴。

（17）用刀子或者指甲剔牙齿。

4. 为了增强体力，年轻人应该吃，但是不能贪吃。

5. 要将嘴巴擦干净后再喝酒，并且不能过量地喝，喝两口不算多，超过三口就算过量了。

6. 吃饭时，如果没有人向孩子发问，孩子就一句话都不要说。

7. 吃饭结束前不要坐在那里，尤其是如果有客人在。自己要多少食物就接受多少，拿了食物后要站起来，然后将自己的盘子收拾好，再向同席进餐的人点头示意，然后离开座位，站着侍候。

十三、饭后

1. 要洗手、漱口和刷牙，让自己显得干净整洁。

2. 为了在消化时不对大脑的高级神经活动思维形成刺激，不要在饭后看书。

3. 此外还不要在饭后睡觉和心情不好；在没有彻底消化之前，可以利用散步、适当的交谈或者游戏的方式，让自己休息。

十四、在游戏和休息时

1. 在规定的休息时间里，可以用那种给身体以力量、活跃情绪的游戏，使自己保持精神抖擞；这些游戏可以是玩球、滚铁环、九柱戏、踢足球、跑步和跳高。不过所有这些游戏，都要注意适度，都要获得教师的允许，并要有教师参加。

2. 这些游戏是禁止玩的：打牌、掷骰子、摔跤、拳击、游泳和别的没有益处的、危险的游戏。

3. 让人愉快的游戏可以活动身体，让心绪保持欢乐愉快，要有秩序、有规则地玩，玩得有意义，要靠勇气取胜，而不是狡猾。

4. 这些行为是游戏中的恶德：偷懒、骄傲、喊叫、精神不振，还有不怀好意。

5. 对游戏失败者的惩罚，不应该用给钱、书、文具或其他有一定价值的东西，不过可以用胜利者命令失败者做一件事的方式，如要他讲一个故事或者说某一条格言，朗诵一首诗，或者做一个惹人发笑的动作。

6. 游戏时要讲拉丁语，这样游戏就一举两得了，也就是说一方面活跃了身体和精神，另一方面则也在学识上取得了进步。

7. 上课时间一到，就要立即停止娱乐，重新开始学习。

十五、晚间的行为规则

1. 晚饭以后，什么新的事情都不要做，而要唱歌、散步，或者复习白天的功课。

2. 晚间不要离开家门，而应准备就寝，并向父母和家庭其他成员道晚安。

3. 到寝室后，自己回想一下（可以站在床前，也可以跪在床前）今天的一天你是怎样度过的。

4. 出于健康的考虑，不要俯身睡，也不要仰着睡，而要向右侧侧着睡，然后半夜向左侧侧着睡。

5. 如果寝室里睡着几个人，那么就寝前要互致晚安，不要做任何逗乐的事（如谈话和喧闹），寝室里要保持安静。

6. 临近入睡时可以回想下你当天掌握的精选的格言，这样就可以带着美好的思想入睡和醒来。

第六章
论天赋才能的培养

（在匈牙利帕特克学校大教室的发言）

出现在你们面前的，是一位新相识，而你们对他来说也是一个新的集体。这个非同一般的大会证明了这一事物，因为到场参加大会的，不仅有来自科学界的学识渊博、德高望重的代表们，还有那些名声显赫、品德高尚的先生们，还有本市以及周边地区颇具名望的公民们，新事物出现时，大概都是这样。

我觉得，一个人出乎你们意料地在你们面前出现，会让你们大吃一惊。这件事其实也很出乎我的意料，因为我也没想过会来你们这里，那么我们互相问一下，这到底是怎么回事呢？这一意外的情况，可以用一位喜剧诗人的诗句恰如其分地说明："上帝对待我们就像对待一个球似的，愿意往哪里抛，就往哪里抛。"或者一位先知者的说法是更为贴切的，他说："耶和华啊，我知道人的道路不由自己。走路的人，也无法决定自己的脚步。"

确实，在这几年中，我已经彻底转向另一个方向发展，这既是我自己的想法，也听取了别的朋友对我的劝告。不过，这个统治大家的人，让我们又改变了方向，他命令我们将西欧和北欧放弃，来东欧，来你们这里。当时正是特兰萨瓦尼亚大公夫人和匈牙利领土的统治者苏珊娜·洛兰特菲太后在勇敢而热情地诚心诚意、不厌其烦地写了三次信，礼贤下士地邀请我们共商如此神圣而又艰难的事业。她准备在这个王国采取更广泛、更完善的方式来进行宗教改革运动——开始创办享有盛誉的古典中学，也就是匈牙利正统中学之肇始。

到底是什么样的论题，才值得有如此多的听众，才是和我们的共同愿望相符的，另外，还能够激发我们去开展深思熟虑的事情呢？我挑选了一个题目，它是适合这个时间、这个地点、这些人的，它就是：论天赋才能的培养。

为了向委托我们开展这项事业的人们致敬，我就这个题目发表演讲，我将按照下面这个顺序展开论述，这对我自己和你们都是最合适的，也和事情的本质相符。

第一，我要阐述什么叫天赋才能，还有对才能的培养所包含的内容。

第二，说明一定要开发才能，就像一定要开发那些无法通行的密林或沙漠一样，但是，培养才能一定要精心，就像我们平时在菜园、葡萄园和花园精耕细作一样。

第三，阐明如何才能够让民族全体都顺利地接受这样的培养，这其中还包括你们的民族是否具备比较广泛、全面和完善地培养天赋才能的条件。

应该得到重视的，不仅仅是实现这样崇高愿望的理由，还应该有将愿望实现的有利条件，因此，我在最后还需要分析一下以上所论述的内容，为什么我正好在现在这个时间、在现在这个城市，提出了这个问题？为什么正好是我们，参加会的这些人，应该义不容辞、刻不容缓地开创这项事业？我们又该如何开创呢？

我将按照上面的这个顺序，尽可能简明扼要地将这些内容阐述出来。

在这里，"才能"一词表示一种与生俱来的能力，正是它让我们成为了人。正是它，可以理解一切事物，可以从所理解的事物中，将完美的事物挑选出来，可以始终掌控事物，可以对已经掌握的事物进行自由的支配，可以享受事物带来的快乐。你们想听我将这个问题详细地讲述出来吗？请继续听吧！

人有四种与生俱来的性能或能力。第一个是思维，它是所有事物的反映者，包括判断，这是所有事物的天平；另外还有记忆，这是所有事物的贮藏室。第二是意愿，它是决定所有、命令所有的法官。活动能力是第三个，这是所有决定的执行者。排在最后的是语言，它是解说员，为大家讲解着一切事物。

我们的身体里有供这四者活动的容器和器官，就是大脑、心脏、手还有舌头。大脑是思维生产工厂，心脏仿佛意愿这位皇后居住的宫殿；手是人的活动器官，这位执行者令人惊叹；最后是舌头，它是语言的行家，是不一样的人、不一样智慧进行沟通的工具，为了协商和统一行动，它将许多人聚在一起，形成了一个团体。

确实，敏捷的思维一瞬间就可以想遍所有事物，即使在天涯海角的，它凭借理解能力将一切征服，凭借判断能力将一切分清，而且又将全部记忆，有条理地存在大脑里。意愿，它有做出决定的自由，意愿应当主宰一切，这样就可以选择它喜欢的事物，而将厌恶的事物抛弃。手听从思维的命令，执行意愿的决定，将新的事物创造出来，将前所未有的崭新领域开创出来。最后，舌头根据实际的需要在列举所有需要考虑、表达和完成的事物时，用自己的色彩美化这一切，让这一切光芒四射，并不断扩大影响，从一群人传播到另一群人。

在我看来，培养天赋才能所包含的内容，十分清楚好懂。这就是：人的意义在于对农田、菜园、葡萄园进行改造，对某种艺术进行改进，此外还应对自己的身体进行改善，而人的意义在某种程度上，也可以说是在于对自己的灵魂或者天赋才能进行完善。人对每件东西进行改进，目的是让它符合自己的需要，人如此精心地准备、制作、清洁、装饰所有的东西，目的也是让它符合自己的要求，在实践中获得最大的好处。农田、菜园还有葡萄园只有为人们带来大量的果实和蔬菜，才能被称为精耕细作的农田、菜园还有葡萄园。艺术只有能够轻而易举地创作出优美的作品，才会被视作完美的艺术。拥有浓密头发、光滑皮肤、健康肤色、敏捷动作的身体，才可以称为健壮的身体。人的精神才能也是一样，想要完善它，得有以下这些条件：第一，人有考虑许多问题的能力，并且迅速对这些问题进行钻研；第二，人要擅长对事物之间的细微差别进行分别，可以选择和追求那些善的事物，而藐视和避开那些恶的事物；第三，人要能够将所从事的事情熟练地完成；第四，为了能够更好地将智慧的光明传播出去，为了可以将所有存在和想象的事物阐释出来，人要能言善讲，让人们有所收获。

一位颇有修养的人，你愿意去了解他吗？你应该留神观察，注意他的言行举止，甚至包括他的沉默，还应该仔细看他的气质、眼神、手势、步态、骑姿等他的一切；他处处可见自尊自爱、亲切待人、彬彬有礼，他处处可见自信，可见温文尔雅、仪态大方。他是怎样工作的，你愿意了解吗？工作当中的他得心应手，这是因为他从来都是脚踏实地，什么事情都是按照事先讨论成熟的方案进行。他的讲话，你愿意听吗？无论什么事情，他都可以条理清楚地讲述出来，而不会有一点可耻或无知的言行。而他如果需要沉默，他也擅长缓和沉默的气氛，稳重而不失礼数，他的沉默也可以让你学到东西。他在和人们交往时，脸上从来都只会有满意的神态。而如果他需要离群索居，那么也不会有孤独寂寞的感觉，因为他经常会聚精会神地思考问题，在工作里面寻求慰藉。他在生活中，对待善与恶是这样的态度：在实践中善于发现、分辨善与恶的事物，可以判明事物是有益还是无益。虽然对他来说这些事情易如反掌，不过他没有自大自满、自以为是。即使遭遇了不幸，他也还是这样，不会有自暴自弃、灰心丧气的时候。总之，诗人说："适应各种环境的人才算是聪明机智。"而我们要说，处处都有用武之地，擅长防患于未然的人，才算是聪明机智的人。

如果我可以将一个颇有修养的民族介绍给你，你就会看见，这个民族每个人，至少是大部分人正好就是我上面所描述的这个人这样。如果你们愿意听我再详细地讲一下，那我就采用对比的方式，来看一下有修养的民族与没修养的民族，或者说是所谓野蛮人之间存在哪些差别。

1. 有修养的人才能算是真正的人，即他们是有人性的；而野蛮人的性格特征是兽性的粗暴或残酷，因此可以说他们只是有人的外表，人性的东西未必存在。

2. 如果你对有修养的人处理公事和私事的顺序进行观察，就会发现，他们安排一切是那么的有条不紊，就像钟表的行走一样，如果一个部件被触发了，剩下的部件就会跟着运动起来：一个齿轮推动另一个齿轮运转，一切都由数量、尺度和重量决定。而野蛮人的任何事情都像一捆捆散草，或者是一堆堆散沙。

3. 举一个人们相互之间关系的例子。有修养的人互相为对方效力，每个人顺理成章地完成于自己有利、于他人有利的事情。而野蛮人呢，他们却互不需要，无论什么事情都不会互相协调，而是互相妨碍，处处是混乱不堪的景象。

4. 在有修养的民族那里，世界一切自然资源都是可以让人们获得福利的，他们甚至找到了地下矿藏，包括金属、宝石和矿物，堪称宝库。而在没有修养的民族那里，无论什么东西都会被白白地浪费掉，因为他们不具备征服大自然的本领，没有汲取大自然的奶汁的能力，甚至连大自然无偿地赠送给他们的礼物都不会利用。他们荒废了宜人的气候、肥沃的土地、适合航行的河流等，我们可以在美洲人的身上见到这种现象，他们过着野蛮的生活，像野生动物一样。

5. 有修养的民族是不会让一小块土地荒芜的，也不会让任何一点资源浪费。无论是树木还是枯枝，石头还是碎块，即便街上的泥土和沙粒，他们都会收拾起来，合理地利用它们。而在没有修养的民族那里，你看，不会培植任何东西，垃圾、泥土、周围的所有都腐烂、瓦解掉了。

6. 所以，即使是在不毛之地，也就是除了沙土、山岩、沼泽和青苔外一无所有的地方，有修养的民族也会进行辛勤的耕耘，将不毛之地变成天堂。而那些没有修养的民族，即使本来就居住在像天堂一样的地方，也会让这里被垃圾弄得十分肮脏，美景不再。

7. 这就是有修养的民族不仅生活必需品富富有余，还拥有各种各样的，甚至可以是富丽堂皇的设备的原因。而那些没有修养的民族，只有勉强地维持生活，甚至像野兽一样吃生食。

8. 有修养的民族会关心未来，他们不光为现在准备好了生活必需品，还为可能遭受的意外情况做好了应对的准备，比如荒年、瘟疫、敌人的侵袭等。他们建造了拥有完善设施的粮仓、军火库、药房，用来和灾难对抗。而野蛮人毫不关心生活、健康、安全这些问题，他们日复一日、年复一年地过日子，百事不管，因此，无论什么事情对他们来说都是突如其来的，都会让他们措手不及。

9. 有修养的人可以通过美观雅致的衣着将自己的文明才智表现出来，无论是整体还是个人，无论是大人物还是小人物，无论是籍籍无名的还是闻名遐迩的，虽然并不是都很注重自己的衣着打扮，但是他们的衣着至少都是大方整洁的。而那些没有修养的人，却是赤身或者半赤身的裸体，破衣烂衫，污秽不堪。

10. 有修养的人有城市，这里规模庞大、人口稠密、艺术作品丰富，手工创作十分繁盛。而没有修养的人没有城市，有的只是荒地，他们所谓的城市跟陋室没什么两样。

11. 那些有修养的民族内部有法律锁链相接，拥有自己的领地，这里面包括城市、村庄还有房屋以及一个个的家庭，最后是遵纪守法的人民，因此，只要是越轨犯法的人都会受到制裁。而没有修养或者假装有修养的民族只会一意孤行，随意占有别人的领地，他们毫无约束，为所欲为。

12. 所以有修养的民族过着悠闲自在、安宁平静的生活。而没有修养的民族生活当中，盗窃、抢劫、暴力随处可见，因此他们不具备真正的安全，到处都是阴谋和恐惧。

13. 那些真正有修养的人，即便在农民中间生活，也不会被农村那种粗鲁放肆的习气所影响，依然保持着城市才会有的温文尔雅的性格。而没有修养的人正相反，身为城市人，性格却像农村人一样。

14. 有修养的人，从来都是以礼相待外来的人，他们会温和地为外来人指路，避免对方有一点点的不快。而野蛮人却要么将陌生人支开，要么自己躲开了，总之就不和陌生人交往。

15. 有修养的民族，对懒汉和健康的乞丐是无法容忍的，他们那里甚至根本没有这样的人，因为每个国家都会为自己的公民提供保障，对生活穷困的公民表示关怀。而野蛮人那里是懒汉成堆，他们要么靠着行乞、偷盗和抢劫度日，要么干脆过着穷困潦倒、食不果腹的日子，这样势必就会出现各种各样的骚乱现象。想和这种恶势力作斗争，只能使用暴力。所以，持续不断的苦役、压制、死刑还有残酷的处罚也就出现了。

16. 有修养的人，可以在自由科学和艺术中获得快乐，因此他是想学习自由科学和艺术的，而不会对其中的任何学科持轻视的态度。他们对星星的数量展开计算，对天空、大地、深渊和未知东西的大小展开测量，因为他们不想在哪个地方，即使是遥远的地域、水域和空间存在他们不了解的事物。他们还在努力弄清楚时代是怎样发展的，我们离世界的起源有多远，我们离世界末日还有多久，他们回忆过去的目的是更好地安排现在，是对未来有利的。而没有修养的人，不仅这一切他们是不知道的，甚至他们连自己都不了解，他们从哪里来，将要向何处去，他们以及他们附近都发生了什么事情，他们从来不会思考这些问题，因此他们不仅不了解过去，不熟悉现在，对将要面临的一切，也是一点准备都没有。

17. 有修养的人痴迷于俄耳甫斯的竖琴声，他们喜欢聆听神的音乐，是为了可以更好地以大卫和所罗门为楷模，所以时时处处都在倾听音乐，沉醉在美妙动听的琴声里面。而没有修养的人对音乐根本一窍不通，你在他们里面，只能听到醉鬼刺耳的叫嚷声或者愚笨跳舞者的疯狂叫喊声这样的声音。

18. 最后一点，有修养的人相互之间友好相处，充满了善良、智慧和光明的意愿，他们心地纯洁，对自己满意，为自己所拥有的财富而高兴。而没有修养的人则不然，他们内心空虚，只会沉醉于外表，他们追求的是虚无缥缈的幻影，而不是实实在在的东西，因此成为别人嘲弄的对象，他们慢慢憔悴，最终死亡。那就让他们死去吧，即便他们是不应该这样活活地、永远地死去的！如果人们无法和这种称誉、和这种崇高生活的境界相匹配，那么他们最好不要在这个世界诞生。或者再说得准确一点，最好不要作为人在这个世界生存，而应该去当一种默默无闻的动物，这样至少要好于那种活在世上，却一点人类的文化修养都没有、一点真正人性都没有的人。

最亲爱的听众们，我相信你们现在已经清楚了，人，或者说有修养的人的含义是怎样的，以及有修养的人和没有修养的人之间存在哪些差别。

另外，关于真正的教育，能够挽救人的教育的问题，我有一点需要补充，那就是，如果没有教育或培养，即没有辛勤的教学和关怀，无论是谁，都不会成为有文化的人。所以，我们需要一种让我们可以经常正确地理解、想象、工作、表达一切的教育；思维、意愿、手和语言，只有这四者达到了尽善尽美的程度，我们才可以说是名副其实的人。如果没有精神教育，你就会看到，人可能生得腰肥体胖、大腹便便，精神上却很贫乏；虽然身体十分健康，但是心灵无比空虚；虽然皮肤光滑洁净，但是心地却无比肮脏。

人这种动物，为什么应该具备别的动物所没有具备的条件呢？你看一下，皇冠上或者大公手指上戴的那闪闪发光的宝石。你以为宝石本来就是这样闪闪发光的吗？如果你是这样认为的，那就错了。宝石本来是不透光、不光滑也不干净的，你都不会将这样的东西从地上捡起来的。

要想让它闪闪发光，得将其刮平、弄净、锉齐、精磨、磨光，竭力磨出来光泽，最后再擦亮。即使是那些不光滑的石头，比如建房、造塔、砌墙、砌圆柱和砌别的类似的建筑物所用的石头也是一样，得我们自己用手磨出棱角，削平了才可以使用，否则就用不了。我们生活中离不开的金属也是一样，也得把它挖出来，再进行冶炼、弄净、上色，最后锻造成各种各样的形状，否则我们从金属那里获得的好处，也就和从地下的泥土获得的差不多。我们从植物那里获得食物、饮料还有药，但是，要想得到草料和粮食，就得播种、耙地、收割、脱粒，最后磨成粉；树木得栽植、修剪、施肥，果实需要从树上摘取下来再晒干等；如果树木是用来制药或者作为建材的，那么需要的工序就更多更复杂了。动物，比如说那些为我们贡献了自己的生命，或者作为牵引力为我们劳动的这些动物，它们为了保护自己可以说无所不能，然而为了让它们为我们劳动，如果你没有对它们进行训练，那么你一定会一无所获。你看：马用来打仗，公牛用来耕地，驴用来驮载，狗用来守门和打猎，鹰和鹞用来捕鸟等；但是如果你没有训练它们做自己的事，它们就什么用都没有。人也是一样，人的身体是用来劳动的，但我们发现，人除了纯粹的能力外，没有什么是与生俱来的。人想必是一点点才学会坐、站、走路这些的，即便是吃和喝，人如果不学，也是不会的。我们的思维、我们的意愿、我们的手还有我们的语言，没经过训练就能够完美地完成自己的职责，什么地方能有这样的好事？这样的想法简直是荒谬的，因为任何动物都得遵守一个规律：要从一无所知开始，不管是因为自己的本性还是外来的影响，都要经历一个渐渐提高、完善的过程。

所以，要想让天生的人学会像人一样地行动，就得让人将所有的才能充分地发挥出来。但是，有些人的才能一定要首先发展，他们可以说是别的人行动的镜子、典范和支柱，也就是说，他们受命对人类社会的某个部分进行管理，也就是家庭、学校、城市还有王国。但是，那些不受管辖的人应当受教育，好让他们理性地遵守秩序。那些无能的人应当受教育，好让他们也带来一点点好处，哪怕是通过手工劳动也行；那些才华横溢的人应当受教育，避免他们利用自己的聪明才智去为非作歹，最终自我毁灭。那些具有优良禀性的人需要教育，是为了不让他自己堕落；那些堕落的人需要教育，是想要完善自己天性的不足，因此，苏格拉底承认，教育是可以将堕落的、偏爱恶习的天性改变的。总而言之，即使是肥沃的田野，也需要勤劳的耕耘，才能够变成天堂，如果袖手旁观，那么只能变成荒野，荨麻、荆棘丛生，爬虫满地。才能也是一样，也是需要辛勤的培养；如果对此完全漠不关心，只能将我们自己贬降为牲畜，而和自己的原型完全不像了，甚至都有黜降为最肮脏的灵魂的可能。因此，我们应该追求的崇高目标，就是完善自己的天赋才能。

有人现在可能会问：是不是可以让某个人大体上接受天赋才能的培养？如果这个人文化水平不高，怎样才能让他养成培养天赋才能的习惯？不过在我看来这个问题没有必要问，虽然不是每个人都接受了完善的培养，然而还是有很多民族都卓越地培养了天赋才能，这个事实就是天赋才能是可以培养的一项明证。显然，只要坚持不懈、踏踏实实地对天赋才能进行培养，成为一个学识渊博的人是完全有可能的，并且不会有什么困难，这是在让某个事情按照它本来的趋势发展，可能性很大，只要将障碍消除，让天赋才能得到合情合理的发展。为了让鸟一定成为鸟，马一定成为马，水一定成为水，石头一定成为石头（也就是说，为了让鸟儿能够飞翔，马儿能够奔跑，水能够奔流，石头能够按照你的意愿安放），至少并不要有什么特殊的技巧，只要你明白怎样让天赋才能合情合理地发展，为了人一定成为人，也不要有什么特殊的技巧，因为每个人的天性都是相同的。你了解了一个人，就等于了解了所有的人；如果你有让一个人成为有文化的人的本领，你就有了让所有的人都成为有文化的人的本领。有很多人甚至都没有别人对他们进行过指导，只是在慷慨的天性提示下，就自己发现了老师、学生、学术、学习的方式或方法。那些自学成才的人我是理解的，并没有别人指导他们，他们就成为诚实正直、学识渊博、精明强干、善于辞令的人。当然并不是每个人都有这么好的运气，有很多人命中注定就是才疏学浅的人，但是就像贺拉斯所言：

只要愿意耐心地倾听学术的建议，

那么除非是那种脾气暴躁的人，

没有谁会这样的粗鲁无知。

奥维德也说过：一种高雅的艺术作品其实可以让人的脾气温和，而没有那么粗鲁。

确实，人不管生下来是什么样子，他到底还是人，就像亚历山大城的克里门特说的那样，是"生机盎然的田野"，因此希波克拉底对此补充道："种子在土地里发挥的作用，和知识在人的精神中发挥的作用相同。"只要我们进行勤劳的耕耘，土地就会结种、收获；一样的道理，我们只要辛勤地培养自己的才能，广泛地接受大家的帮助，就可以"开花结果"。下面我将和你们说人可以得到普遍的发展的七个条件，相信你们这下就会豁然开朗了，知道我原来是在教给你们做各方面最美好也是最好完成的事情。

第一个条件是为了奠定天赋才能可以顺利发展的基础，父母应该努力关心自己的孩子们，避免对他们的生活、健康、感觉和性格有危害的事情发生。这个问题可以谈的内容很多，不过并不合适在这里谈。那是在 18 年前，我写了一部关于这个问题的专著，名字是《母育学校》，有德文和波兰文的译本。这本书的内容是：对孩子，父母应该承担怎样的责任和义务。当母亲受孕怀着孩子的时候，当孩子诞生在这个世界的时候，当孩子处在最娇嫩也是对特别的爱护最为需要的年龄时，父母首先要做到的一点就是，不要因为自己的疏忽大意而对孩子有所伤害，或者说不要让娇生惯养毁掉孩子，娇生惯养和残暴的行为可以说后果是一样的。给予孩子诚心诚意的关心，是真正培养孩子的重点，也是社会维持安宁的重要基础。

第二个条件在于家庭教师，父母将自己的孩子委托给他们，是让他们为孩子微弱但在持续发展的才能灌输进去积极的事物，树立优秀的榜样，为他们指出各种理智行为还有优秀言语典范的样子。这项工作如果可以顺利进行，益处将会很大，因为第一个年龄期的孩子可塑性极强，像蜡一样，他们很像猴子，无论看见什么都要模仿，无论是好的还是坏的。有一句至理名言是这样说的：这一生，我们都会保持少年时代形成的样子。这就是这句格言无比正确的原因。

第三个条件是社会学校，它们仿佛社会的慈善机构。在学校这里，可靠的、社会威望较高的教师们清楚明晰地将孩子们必须信仰、必须知道、必须表达还有必须从事的内容讲授给他们；在这里，教师在赢得尊敬的所有方面进行着坚持不懈的努力，培育和提高孩子们热爱科学、智慧、道德以及口才的品质。如果教师是本学科实际工作的权威，什么应该做、什么不应该做，他们仿佛就是活百科和活例子，那么他们的教学任务就可以顺利完成，因此，对他们进行模仿是容易又可靠的办法。如果在前面走的人方向是正确的，那么跟在后边走无疑也会是正确的，"统帅怎样，兵士也是怎样"。在安排合理的学校里接受教育的人，是最幸福的！

第四个普及教育的条件，是校内和校外向学生提供优秀的书籍，学生可以通过这些书籍对事物有更加广泛的了解，了解各种各样的道德，培育自己滔滔不绝的口才，提高自己的能力。在我看来，优秀的书籍拥有丰富的内容，充满智慧的书籍，真的可以成为让才能露出锋芒的磨刀石，让智慧锐利的三角锉，让眼睛明亮的眼膏，注入智慧的漏斗，反映他人思想和行动的镜子，我们采取行动的指南针。每个民族的光辉，都是存在于所有人民群众当中的，只要它有丰富的文化书籍让其更加充实。这一点我必须要再强调一遍，每个民族的光辉都是存在于所有人民群众当中的，只要它有丰富的文化书籍让其更加充实。

第五个才能发展的条件，是经常和那些学识渊博、活动力强而又擅长言辞的大家们交往，其中包括那些秘密的、不过对我们的改造具有积极作用的交往。这是因为坦诚地说，走在太阳光下的人，早晚会被晒得暖烘烘的，即使他走路的目的并不是让自己暖起来，而且只要持续地散步，他的皮肤就会被晒得黑黝黝的；人也是一样，他和别人交往——无论对方是善良的还是凶狠的，是有文化的还是无知的，是聪明的还是愚蠢的，哪怕是无意识间的交往，也一定会将对方某种才能和习惯吸收进来。所以，既然我们愿意传授给这个民族文化，那么我们就应该努力，让这个民族的青年远离那些不够健康的交情，让他们的交往对象渐渐地都是学识渊博、诚实正直、努力工作的人，这样做，青年的才能没有得到完善是不可能发生的事情。有很多国王和先辈，都是怀着这个目的，在各个民族里发掘所需要的人，他们或者从别的国家请聪慧的大家们来对青年进行教育，或者将青年派出去拜访他们，让青年和他们生活在一起，不是短暂的几天或几月，而是长年累月地生活在一起，这样他们的才能便得到完善。

第六个条件，光和聪明人交往还远远不够，还应该养成在劳动中度过一生的习惯；青年人应该坚持要在实践活动中锻炼自己；只要掌握了合适的技能，他们就可以在未来成长为大师。的确，如果没有经常犯错误、认识到错误和改正错误这个经验，任何人都学不会如何避免犯错误；如果技艺得不到锻炼，任何人都不会成为大师。正是在坚持对经验进行实践培养的学校里，汉尼拔从小就学到了军事方面的知识，所以还是个小孩的他就跟着父亲来到了兵营，戎马一生。亚历山大大帝还有别的那些在实践经验中成长起来的古代英雄都是这样的。这里为什么要追忆古人呢？因为，现在有些人对威尼斯人和荷兰人的智慧进行了过分的夸耀，实际上他们之所以有幸福的生活，不是因为别的原因，只是因为他们已经养成了让自己的后代从小就在劳动生活和社会活动中获得锻炼的习惯。在他们那里，即便是贵族、男爵、伯爵或者枢密官的儿子，哪怕是首领的儿子，也一定要和普通人民一道为祖国效力后，才逐渐地被允许享有来自家族的荣耀地位，一定要有上述的经历，才可以从最低的职位逐渐提升，直到最高的职位。这样大家都成长为机智灵活、无所不能的人，而不允许有人成为无所事事的人，对社会毫无益处，徒增负担。

第七个促进社会培养天赋才能的条件，是来自英明的执政者们的、虔诚热心的关怀，这可以让他们的下属不会缺乏学校，学校不会缺乏教师，教师不会缺乏学生，学生不会缺乏书本和别的必需品，让大家都不会缺乏社会的和平与安宁。罗马最慷慨的皇帝安东尼·派阿斯，还在每个省区（最边远的省区也是这样）为艺术家们的薪水专门做了规定。我们读一下查理大帝这段故事：有一天，苏格兰的两名哲学家前往拜访高卢国王推崇的查理大帝，被问道有何贵干，他们的回答是他们为新国王带来了一件新的礼物——智慧。查理大帝问，这智慧是什么样的呢？他们的回答带着哲学家的坦率，他们听说查理大帝的王国当中，学校衰败，没有人关心科学，因此他们是前来建议创办学校的。他们的建议获得了查理大帝的采纳，巴黎宫廷学校由此创办，此后还建立了不少别的学校。就这样，高卢民族的文化开始在最有文化的欧洲民族中间放射光芒。

亲爱的听众们，只要人们愿意自己为理智所支配，你们就可以看到，完善和普及培养天赋才能对所有民族，哪怕是最野蛮的民族，也都是切实可行的。但是，现在有一个与我的人民和你们人民有关的问题：他们是不是有获得某种完善教育的需要？如果是，那么又该怎样获得呢？之所以会有这种疑问，是因为人天生自以为是、孤芳自赏，无法看见自己的不足。我们也一样是人，也可能具有人的缺点。虽然大家都相信，有的民族根本没有对天赋才能进行培养；有的民族缺乏对天赋才能进行培养的能力，因此，他们的培养工作是次一级的任务；有的民族虽然对天赋才能进行了培养，但是是歪曲的培养，因为他们培养的目标是追求世俗的漂亮外表；虽然有的地方趋向对天赋才能进行完善的培养，但是培养得又不够广泛和热烈，这些自满自足的民族对自己的习惯和性格已经很满意了，因此，没有几个人承认这些不足是存在的。当然，绝大部分都是自我陶醉，喜爱上了自己的缺点；我们对此也应当小心，避免孤芳自赏。这就是为什么应该讲一讲这个问题。不过我讲得很简短也很委婉，因为没人会喜欢别人直言不讳地指出他的缺点。

至于说到我们，我们匈牙利人和摩拉维亚人，我坦诚地说，我的民族和你们民族在文化水平上，还处于不高的阶段。和欧洲那些最有文化的民族相比，我们没有一点特别闪光的智慧，所以亲爱的邻居——匈牙利人民，对邻邦的爱戴让我来到了你们的国家，主要原因是我对你们拥有特别的信任，你们可以努力，进一步了解自己的优点和缺点分别是什么，从而扬长避短。你们已经完全忽视对人民的天赋才能的培养了？对此我并不相信，不过你们的培养离完善还有一段距离。为了让你们可以承认这个事实（如果你们现在还不承认），我冒昧地将你们的培养才能，和你们的耕耘土地进行了比较。至于说后者，大量的粮食、酒还有牲畜都是你们耕耘了土地的证明，不过直到现在，你们这里还存在一片片的荒地或者半荒地，剩下的土地也都是粗放式的耕作，这些又是你们没有全力以赴、勤劳耕耘的证明。这就是为什么你们生产出来的生活必需品（还谈不上奢侈品），没有富饶的国家那样丰富多样。你们的楼房、服装还有家什，都没有别的国家那样充足和漂亮；你们也没有其他国家那样人口稠密的村庄和城市；另外，你们还没有自己劳动开采你们的宝藏——金属和宝石，而让别人去挖掘它们，从而发财致富。一句话，如果你们合理地开发利用了你们国家所有的土地，那么这么幸福安宁的国家可以养活的人口数量，将是它目前所养活的两倍甚至三倍。如果你们找到了自己的宝藏，并对其进行了合理的利用，那么，你们可以获得的欢乐和幸福，差不多是现在所拥有的十倍之多。每个农民都能够过上贵族的生活，而每个贵族都能够过上公爵一样富有、满足的生活。同样，眼前的事实足以证明，你们是拥有一部分培养天赋才能的条件的。学校你们有的，而学校里的教师和学生也不少，学校培养出的掌握了拉丁语的学生也有很多，斯图谟有一句名言："有这样一个民族，在它的土地上，不管你走到什么地方，都可以遇到一个会说拉丁语的人，他可以为你这样的徒步旅行者指明方向。"没有哪个民族，甚至是那些有文化的民族都算上，要比你们更适合他的这句名言了。

你们现在的地位根本没有多么低贱，你们已经把斯基福人的粗鲁野蛮的恶习都摒弃了。不过我又不得不根据实际情况而要承认一点，你们的精神教育还没有达到巅峰，现在是停在了半路上。这一点，可以在你们学校所教的拉丁语语音生硬、词汇贫乏、内容脱节得到证明；可以从学校里取消对高雅的艺术作品的学习得到证明；可以在学校里禁止开设高等知识课程——医学和法学，禁止开设最高等的知识课程——哲学和神学得到证明；另外，你们城市里缺乏各种各样的手工艺和手工艺者，也同样是证明；那些无知的人们，依然还是那样的性格粗鲁野蛮，外表欠缺文雅，还有……可以得到证明的地方还少吗？我认为，现在还去找证明是没有任何的必要的，因为我清楚，你们中一部分知书达理的人，现在已经觉察到了这一点，并且已经在努力探求改善教育的机会。亲爱的朋友们，努力吧，你们的努力必然收到成效，因为，我觉得，只要你们，我的匈牙利人民，充分发挥自己的才能，你们的智慧就不会输于欧洲任何一个民族，我对此是坚信不疑的，要明白知道你们的自然环境，包括天空、大地这些，都没有对你们构成妨碍，相反，你们无论是身体还是精神，在自己国家里都是自由的。我已经听说了，有人觉得你们的才能过于野蛮粗鲁了，可能你们自己也是这么想的。假设真的是这样的，但是这样的情况就可以构成你们学习智慧的障碍吗？就像土地在干旱的夏季变硬，或者在潮湿的时令变黏，能构成人们耕种土地的障碍一样，都是比较少见的现象。即使每一寸土地都是黏的，那么耕地无疑是非常的艰苦，需要非常多的畜生。但是，土地总是为这些艰苦的劳动准备优厚的犒劳——高质量的丰收！就是这样判断你们的精神才能。

　　亲爱的邻居们，我说这些，并不是为了展示我的口才，而是为了激励你们，让你们可以意识到自己的优点，纠正自己不足的地方，从而可以实现尽善尽美。我并没有取悦于你们的打算，我想的是要努力影响你们的灵魂。我请你们证实这样一点，你们的疆土内拥有辽阔的平原，但是平原上的水却因为长时间的静止而腐坏，一片片沼泽就此形成，另外疆土内还有崇山峻岭，以及丰富的灌溉水源。在我看来，你们应该证实这样一点：在你们的家园，可以发现的不仅是水源，还可以是精神才能之源；你们不仅拥有埋藏在地下的金矿，还拥有灵魂的智慧之矿。为了成为完美的人的你们，就应该勇敢地将粗鲁野蛮的恶习除掉，如果身上还残留着的话。为了让你们确信，我下面读一下我的另一本书《语学入门》里第25章第9节的内容，这些内容是非常适合现在的主题的。"根据记载，希腊是一个小国，这里的居民为了获得糊口的口粮，就从莱斯沃斯岛（获得丰收的岛屿）和埃罗佐市那里运来了粮食，但是其实他们自己只要付出辛勤的劳动，就可以在自己的田野上收获更多的粮食。假如真的是这样，那真的是贻笑大方！但是有一点是确信无疑的，那就是和这种行为类似的、危害甚至更大的懒惰行为已经控制了一些学者。我们向另一个民族和另一个世纪召唤某种才能，以便它郑重地给我们说出它的预言。即使我们在自己的家园培养了才能，我们当中，也只有很少的一部分人可以做到自力更生、丰衣足食，大部分还是在靠着行乞度日，我直言不讳地说，这会带来个人和社会的耻辱和损害。类似情况我们发现得少，这是因为我们的乞丐少。"

　　"不是所有人都是万能的，不是所有土地都是万生的。"这样的辩解是没用的。要清楚，每片土地总是可以长出某种东西的；只要得到了开发，每种才能都是能够发现自己的血管的。柏拉图曾经在他的论著《理想国》里这样说："任何人都应向当局证明，他在自己的家园里辛勤地劳动，就是为了挖掘水井，他付出了很多的时间、体力还有费用，但是最终却没有成功，在这一事实得到证明之前，应该禁止他从别人的水井里汲水。"英明的所罗门也说过类似的话:"你要喝水,就喝自己池中的水、自己井里的活水。"

这些我引用自另一本书的思想,对现在的目的应该很适用。我请求你们,我的族人和同一个部族的人们:匈牙利人、摩拉维亚人、捷克人、波兰人还有斯拉沃尼亚人,以此为鉴吧!难道我们也将像这些人这样,只能在别人那里得到水和粮食吗?只要他们愿意自己付出劳动,去开垦农田、挖掘水井,就一定可以在自己的家园得到粮食和水。如果打算等着别人来创办学校、出版书籍和发挥才能,就靠着这个来缓解我们的饥渴,那我们得等到什么时候?我们为什么耕耘自己的家园里的精神田野呢?我们为什么坚持勤劳地耕耘、精心地灌溉呢?为什么不把农田,不将庄稼种满呢?总而言之,我们为什么不准备在自己的家园里获得丰收呢?我们为什么要东跑西颠、四处流浪,去捡别人的麦穗,像个乞丐似的呢?我明白,穷困潦倒的人是可以这样做的。但是在英明之子西拉霍夫看来,行乞是如此的可耻,照他说的:"宁可死去,也不行乞。"我们要么永远都像一个健康的乞丐那样,央求别的民族将各种各样的文章、书籍、演讲稿、简讯和摘录等赐给我们,要么就和那些弄虚作假的管家一起,日复一日地重复着一种腔调:"锄地呢,没有力气。讨饭呢,怕羞。"而从来没有另一种调子,宁可去别人的桌上和书里剽窃,也不愿意在自己的家园准备好满满的几大桶油和几斗的麦子。为什么我们总是只在别人的水井里寻找快乐呢?为什么我们不去开发属于我们自己的源泉呢?懒汉,你不能向我们表明,你没有为自己开发水源的能力!

亲爱的匈牙利人民,在我发现你们对自己的民族有进一步的了解的渴望后,我对你们,又产生了一些希望。如果每个人或者民族全体都热爱智慧、渴望学习,那么我们同样对即将出现生气勃勃的学习气氛有充足的信心,智慧的大丰收即将到来。亲爱的匈牙利人民,千万不要将你所从事的事业放弃!如果你采取下列八项对教育的普及有利的措施,你完全可以让自己成为一个卓有文化的人:

1. 如果你建议自己的公民关注下《母育学校》（翻译成你们国语的）这本书，让他们照着书的指教去做。

2. 如果你建议父母们（特别是那些显贵富有、自己没有时间对孩子精心培养的父母）聘请家庭教师，要注意一点，只有那些视野开阔的人才可以当指导孩子的老师。

3. 如果你要广开学校，那么要在学校里推行正确的教学方法，并雇佣聪慧的、精通这些方法的教师，这样的学校才能够成为真正的慈善机构。

4. 如果你要为本国提供内容丰富、引人入胜、饱含智慧、值得学习的书籍，就不要只提供拉丁语的书籍，还要提供国语的，这可以让你的同胞不会在肉体和无所事事中沉迷满足，而是爱上并开始学习科学和艺术。

5. 如果你出于学术交往的目的，或者邀请其他国家那些著名的、聪慧的、才华横溢的大家们到本国来，或者派人出国学习，让他们将发现的卓越美好、精美雅致的东西移植回祖国，并加以发展完善，还要把在祖国将他们卓有成效的研究成果传播出去作为他们的义务，而不是一回国，就重新适应了那些粗鲁野蛮、没有文化的人们的性格（现在大多数出国学习的人都是这样的），从而一切照旧，停止不前，这样出国学习也就失去了意义。

6. 你可以努力让人民（主要是指学校内外的青年们）不再懒散，不再无所事事，而去做些有意义的事情，从而让全国上下就好像一个忙碌的养蜂场或蚂蚁窝，举国都无法看到一点游手好闲的行为。

7. 努力让那些拥有显赫地位的人，包括世袭贵族、达官贵人、富豪们，对他们治下的平民百姓的态度稍稍温和一点，一点点地吸引他们从事那些有意义的事情；如果没有像对待牲畜一样对待被统治的人民，而是将这些未来生活的参与者当作和自己一样的人，多多关心一下他们的灵魂和身体、性格还有生活方式的完善问题。

　　8. 希望应该从事这项事业的人，都会义不容辞地履行自己的任务！特别是那些人民的公爵们和两个主导阶层的代表们，无论是鼓励、执行还是推广这项神圣的事业，他们都是最有能力的。要是他们的耳畔回荡着西塞罗的金玉良言该有多好啊："我们可以将无穷无尽的聪明才智贡献给祖国，怎么就不能将培养和教育青年的才智贡献出来呢？特别是在现在这个时代的风俗下，他们已经彻底垮掉了，想挽救他们，只有利用共同的力量。"柏拉图也说过："只有治理国家的人都是学识渊博的人，或者国家的执政者都在努力成为学识渊博、才华横溢的人，国家才有繁荣昌盛的可能。"然而，现在知道这句格言的人，要远远多于履行这句格言的人。

　　当然，我们也还有一些情况，可能对我们实现愿望构成障碍，它们有可能破坏或者削弱我们的愿望。但是，如果我们的意志做到了坚定不移，那么一切问题都可以迎刃而解。看来，这首先可能会对事情本身发展的广度构成严重的破坏，因为修复一件被破坏的东西的难度要远高于创建一件新东西，每个聪明人都明白都不可能是懒惰的成果，而是对劳动的奖励。这样说来，只要是可以战胜的困难，那就让它困难重重吧，我们会迎难而上！我们对光明的目标的热爱和意识，会为我们战胜困难提供帮助。对于打算干一番轰轰烈烈事业的人而言，困难又算得了什么不幸呢？和拖延从事这么光荣的事业相比，我宁可选择在奋斗中去遭受一千次的失败。我们一定避免抱有成见，要清楚，无论什么问题，都可能没有考虑得十分周密，从而也就有了被人曲解的地方，因为这些人判断事物，根据的不是合情合理的论据，而是先例和习惯。在他们看来，只有按照习惯去做，才有可能正确，即使是将习惯进行最小程度的改变，也就此成为了新的事物，就会是毫无结果的。无知的人满意于自己的无知，有恶习的人则喜欢亲近恶习，他对消除恶习是害怕的，因为恶习就是他的外观。你能否让别人学习一些和他们不一样的东西呢？或者按照和习惯不一样的方式学习呢？懒惰人会感觉好像他被人带进了另一个世界，他害怕自己会在神秘未知的道路上被海浪吞没。"懒惰人会说，外边有狮子，我在街上，就一定会被杀死。"然而我要劝告你们，不要有这样的虚惊，我可以举出切身的例子证明，跟他学一点根据都没有。人的精神从来不会强迫自己去做这样艰难的事情，只要对道德保持虔诚的信仰，人的精神将是百战百胜的。

也应当对居心叵测之人的仇恨多加提防，如果他们自己是一事无成的，他们就会绞尽脑汁地怀疑甚至妨碍新生事物。至于嫉妒，至少我学会了不嫉妒每一个人，无论他来自哪个阶层、哪个民族，不管他是学问上出人头地的人，还是道德上出类拔萃的人，或者是口才上卓越绝伦的人，我都不会嫉妒他们。如果有人想嫉妒我（我自己是个微不足道的人，也不会干什么惊天动地的事），如果在我力所能及的范围，我会尽量避免遭到别人的嫉妒，但是如果不是我，那证明我不过是一个非常普通的人。想要阻碍对新生事物追求的人，就会将自己的考虑不周暴露出来。这是因为新生事物并不是老旧的、一成不变的思想的产物。

就在这里，就在现在，自主独立地开启这项事业吧——在你们的学校里开始改革！雷科克齐的阿特涅乌姆学校要首先进行改革，让它成为其他学校的榜样，它仿佛是真正的才能磨刀石，真正的智慧之源，真正的慈善机构，真正的语言实验室。如果野蛮行为还有残留，那就在将这部分残余消灭之后。

一方面是因为赐予这个国家的"和平鸽"请你们尽快地开展学校的改革，另一方面是因为其他的民族所存在的野蛮行为——包括这样一种野蛮行为：有些民族自以为非常文明，然后就歧视别的民族——也请你们尽快地开展学校的改革，我所说的野蛮行为，指的是现在还在西班牙、意大利、高卢、英格兰、苏格兰等地进行的战争，战争中的人们互相伤害、残杀、推翻，野蛮而又残酷。为了让我们的同胞们远离这类的残暴行为，让他们学会温和待人，我们努力地向其表明，对于那些高尚的、理解科学和艺术的民族来说，很多其他的性格才是适合的。我们目睹的那些众多民族的混乱状态，与其说那是一种骚乱，不如说是一所锻炼人的才能，纠正堕落、蜕化的人的才能的学校，别人也许还不知道这个奥秘，那么我们现在已经知道了，就应该去证明这个说法是正确的。而为了别人能够理解这个道理，我们就应该创建符合改革标准的学校，树立大举革新的榜样，以便别的愿意跟进的人学习。如果其他撤出战争、需要休整的民族（我指的就是德国人），在休整的这段时间里开始着手恢复那些遭遇破坏的慈善机构，既然他们已经开始着手，那么我们有了榜样的鼓舞，也应该去从事一样的事情，这样可以彼此之间迸发火花，将共同事业的火炬点燃。目前，恩赐给我们的有利条件，对我们的行动更是一种鼓舞，要知道，那些获得了精神鼓舞的、无上光荣的大公们，已经准备在自己的吕克昂使用最优秀的方法，全力以赴地开始所开创的事业。我们没有创造一些于我们事业有利条件的权利，我们只能自作主张地不利用现有的这些条件，不过如果我们将有利的条件错过了，那我们一定会赎双倍的罪过，一半是因为忘恩负义，一半是因为懒惰。

　　但是，这些美好的愿望为什么正好需要在这个地方，在这座城市和这所学校里变成现实呢？我应该简单地说明一下这个问题。第一，先辈们的诚挚努力，正是在这个地方奠定的这所民族学校的基础，而我们的大公们十分慷慨大方，他们用刚刚发现的捐款（人们前不久在已故的、永垂不朽的大公和他的遗孀的棺木中发现了赠款）让这所学校更加稳定了，他们还准备进一步增加捐款，大力发展这所学校。当然，按照实际需要，在已有的楼房周围再添建一些楼房，要比盖新楼更加容易。第二，今年是一个纪念年——你们这所学校建校100周年，时间这一具有决定性意义的力量（如果存在这种力量）让我们不得不等待，或者更准确地说，迫使我们就这所学校的前景是光明的还是黑暗的进行判断。你们的通晓事理决定了这所学校的光明未来，这才是你们将要关心的。第三，因为全匈牙利都对这所帕特克学校非常尊重，他们选任其他学校的校长，都喜欢到这所学校中来挑选人才，因为在这所学校里，这些才能的耕耘者们获得了最好的自我完善的方法，他们不光明白该怎样领导学校，还知道怎样为学校带来好处。在我看来，这里就是维菲利，这里就是天堂，预言家的后代们有了伊利亚和叶利谢伊的带领，从各个地方聚集到一起，拥有了自己的聚会。第四，这个地方风景秀丽，生活必需品十分丰富。这个城市的名字本身就是一个很好的兆头，因为在所有斯拉夫人的语言里"帕特克"一词都是"河流"的意思，带有源源不断的含义。的确，美丽的博德罗克河水量充足，鱼类繁盛；附近的山峦盛产优质酒，田野牲畜成群，果实丰硕；森林当中有各种飞禽走兽。所以我们觉得，对缪斯们来说，这里就是最适合她们的地方了，由她们培养出来的人，将成批地在这里聚集。但是因为肮脏和泥泞，这里也获得了一个"沙罗斯—帕特克（泥泞的帕特克）"的称呼，不过我们不用为此感到难为情。高水平的文化教育一定可以将一片片沼泽清除，到了那时（如果我们的预言正确），我们的后代（我们如果没能目睹）将在这里看见的，不再是遍布沼泽的平原，而是宽敞漂亮的石头马路，看见的建筑不再是木头的，而是石头的，因此统治这里的人可以像当年的恺撒·奥古斯都①那样理直气壮地宣布："当我来到罗马时，这里有的只是一些砖块，但是我现在留下的，却是一座大理石的城市。"

　　既然宫廷已经在这里落成，那就再没有认为这个不合适的理由了。的确，诗人们（远古时代智慧的代表者们）有充足的理由相信，缪斯们不习惯住在城市和皇帝的宫殿里，而习惯住在人迹罕至的地方，或者是高不可攀的帕尔纳索斯山和盖利昆山上。据奥维德说："编歌者深居简

---

① 恺撒·奥古斯都（Imperator Caesar Divi filius Augustus，前 63—14），原名盖乌斯·屋大维·图里努斯（Gaius Octavius Thurinus），罗马帝国的开国君主。历史学家通常以他的头衔"奥古斯都"（神圣、至尊的意思）来称呼他，这个称号是他在前 27 年获得的，当时他年仅 36 岁。公元 14 年 8 月，在他去世后，罗马元老院决定将他列入"神"的行列，并将 8 月称为"奥古斯都"月，这也是欧洲语言中 8 月的来源。

出，寻求安宁。"贺拉斯也说过："所有著书立说的人都远离城市，热爱大森林。"

所以，柏拉图学园、亚里士多德学园（吕克昂）还有古人别的那些高等学府，基本都在城外。不过我们知道，博才多艺的女神们（缪斯们）最近都搬回了城市的最中心，只要不让她们离周围的人民太远，只要让她们不会为市场的喧闹和宫廷的忙碌所打扰，在我们这个时代，她们是愿意住在人口稠密的城市里的。我们的先辈们也这样把我们安排在这里生活，他们在这方面显示出了自己的理智。

为什么正好是我们出席会议、相互见面和交谈的这些人，开始着手对这所学校的课程进行改革（请你们允许我将自己也包括在内，因为你们选择、邀请我到你们这里来，目的就是一起从事这项事业）？那我只好讲一讲这个问题了。这个问题回答起来，并不用大量的论据，有一个就够，那就是：我们自己是愿意从事这项事业的，我们担负着将这项事业完成的重任。在和饥饿作斗争时，约瑟建议建造粮仓并选一个人做粮仓总管，法老和他说："粮仓的总管就是你，因为这个建议是你想到并提出来的。"而希腊有人夸耀某种舞蹈，他的这番宣扬让整个罗德岛都流行起这种舞蹈，他的回答却是："因为这里是罗德岛，那就在这里跳吧！"所以，"因为这里是罗德岛，那就在这里跳吧！""因为这里是埃及，因此，就在这里准备将精神饥饿的粮仓彻底消灭吧！"同样这些言语也一定和你们劝导无上崇高的大公们对这所学校进行改革有关；一定和你们坚定不移地证明邀请经验丰富的教师、开设学生公共食堂、创办印刷厂是有必要的有关；此外，还一定和你们在这里聚会、参加这项事业有关。

至于说我，我可以向你们保证，我已准备好了，准备承担这项你们要求的、朋友们建议的、让我承担的重担，你们对此自然深信不疑。只要你们需要，我可以作为你们的榜样，因为，我们可以在你们的事业中发现某种美好的东西。我记得，我是出于某种目的而应邀来到这里的，所以我一定竭尽全力，将自己的事业完成。第一，我会尽可能地和你们愉快地交往，让你们和你们的同胞们更加喜欢社会科学，更加热心地学习社会科学。第二，关于编撰教学法的书籍这件事，我会尽全力帮助你们，它们是你们才能锻炼的磨刀石，是你们对事物进行精确判断的三角锉，是你们学习拉丁语和国语的指南针。第三，我会努力用实例和持续的练习，让学习的青年们理解这些书籍的使用方法。另外，在你们的帮助下，我还努力保证对全匈牙利的学校（不仅是这所学校，还可以是别的正统学校）全面进行改革的可能性进行研究。之所以我要有你们的帮助，是因为我本人已是一个 60 岁的老翁，这样的重担已经是我无法独立承担的了，即使力所能及，我，一个外国人，想担负这个重任，也无法是自由自在的，因为这会招致妒忌。如果有这个需要，我们，即使是一个外国人，即使是一个衰弱的老翁，也一样能够提出友好的建议，但是，任何一个勤劳的人或者民族，都应该对自己个人的利益表示关注。

所以，我将要将你们，也已经将你们，这所著名学校的无上光荣的教授和教师们，视为完成这项事业的顾问、亲密的同盟者还有朋友，要一起努力的朋友。我请求大家，一起携起双手，将我们的心相连！虔诚的皇帝，即便没有获得应该有的帮助，也不会就此放弃那些真诚的追求和努力。我现在要向你们，加入了反对野蛮行为的组织、勠力同心的学习者队伍表示敬意！我不是在向我未来的学生表示敬意，而是在向追求真理和光明的同学表示敬意，我可以学习那些罗马统帅的做法，为了激励战士们的士气，他们没有像平常一样以战士而是以战友相称，他们和战士们一起研究作战计划，就好像在和同盟者研究一样，他们就这样凭借自己仁爱的态度，将战士们的心紧紧地连在一起，立下了卓越的功勋。请允许我再引用一下菲利普·梅兰希顿用的美妙称呼，这是我突然想起来的：有一天，他去了一所普通小学，脱帽向正在学习中的少年们致敬，他的话是这样的："学士、硕士、博士、律师、执政官、枢密官、办事员、书记员先生们，你们好！"当有些听众以为他在开玩笑时，他反驳道:"我刚才的话并不是开玩笑,我的演讲是十分严肃的,因为在我们死以后,我们国家、学校的希望,就都落在那些大家的身上了。而那些大家如果不是诞生在这个学习群体当中,那么又能是在哪里诞生的呢?"所以,我亲爱的学生们,我诚挚地将这些希望寄托在你们身上了,为了它们,我也认真、严肃地向你们,这些大名鼎鼎的校长们、令人肃然起敬的领主们和法官们、品德高尚的皇室侍从长们、书记员和办事员们致敬,也向致力于在这个民族传播光明的人们,努力地清除野蛮、骚乱等行为的人们致敬,我会持之以恒地将一些思想和行为教给你们,它们一定会让你们成为自己所希望的人。

现在或者将来定居在这里的后裔们,你们可以说是祖国的希望、贵族的精华,对你们我将会一视同仁!你们足够幸运可以接受教育,你们要借助教育,幸福地长成一棵参天大树,收获丰硕的果实,这样飞翔在天空中的鸟儿——你们未来的臣民才能在你们的树叶当中筑巢安家!我已经将你们视为未来的庇护者、学校的关怀者,是家庭的光明和顶梁柱,是民族的荣耀,是祖国的骄傲。你们应该持续努力,好不辜负对你们这样崇高的希望,认真地对待我们的事业,避免任何干涉我们的事业的理由出现。

作为获得智慧的办法,我们为你们提供如下建议:第一,开设拉丁语简明教程,好可以通过轻松愉快的办法,掌握地道纯正的拉丁语;第二,开辟完全哲学化的绿草地,好可以对一切事物的意义展开合理的研究;第三,做大量的自由科学(包括算术、几何、光学、天文、乐理和别的对生活有利的方面)练习,以此熟练地掌握该如何应用它们;第四,对自己的性格进行磨炼,好让你们在学校里,就可以成长为举止端庄的公民,可以和任何人交往。

我最亲爱的听众们,你们要明白,我们想给你们带来益处的愿望,是多么的强烈!我之所以再三地请求你们,是为了让你们努力消灭懒惰的毛病。

第七章
根除学校里的惰性

　　能为青年和学校效劳的机会终于来临，我对此期待已久，因此感到特别高兴。正因为患了疾病，才需要恢复健康；正因为秩序混乱，才需要对其整顿；正因为出现了道德败坏的人，才需要让法律完善。但实际上，我们通常都没有立即开始行动，采取必要的手段。大多数人对待事业都是顺其自然的态度，或者觉得自己已经履行了自己的职责。我们发牢骚，大家就会明白，我们对自己的灾难根本一无所知。忽见前方有美好的事物，我们就抱怨自己陷在了混乱的泥坑当中，最后弄得满身泥水。可能是因为我们没有决心将其摆脱，也可能是因为我们对做这种既严肃又需能力的事情根本就不适应。

　　所以疾病一旦入侵我们的肌体，并且安营扎寨，就会在恶劣的环境下日益蔓延开来，古希腊文化当中，在对海格立斯与多头蛇的艰难斗争的描写中，就曾将这种现象形象地表现了出来：海格立斯砍掉多头蛇的一个头，那个地方就会再长出两个新头来。不管怎样，我们都应和自己的恶习进行斗争，直到将其打败。我们现在面临的任务，是和惰性这一学校的症结作斗争，因为一位贤明人士早就抱怨过了，说我们疏忽大意，说我们在履行对中学教师应尽的职责时，都是在走过场，我们这个学校也是一样。仿佛我们可以这样设想，一旦燃起优秀教学法之灯，统治学校的惰性就会在某种程度上消失。但是人们不想将双眼睁开，那么燃起火炬又有什么用呢？我的脑海里又出现了一位大学者的格言：不将学校里的惰性根除，一切改进教学法的努力都是徒劳。所以，出于根除惰性的目的，我总想将约奥阿赫姆·弗尔茨的佳作《谈谈求知方法》出版，它在激发师生的求知欲方面会有很大的作用。这本书已经出版了。如果能获得厄尔别里几年前在别里格获得的那样的成功，那就太好了！他说他收到不少的来信，都对他推荐了这位作家表示感谢。我们这里却没有这样的景象，周围沉寂一片。人们是不是注意到了它，是不是在读它，是不是读懂了它，或者想弄懂它，我对这些都全然不知。反正我就是想让大家读懂它。有一个道德问题是众所周知的：是否应该对忘恩负义的人行善？没看到自己幸福的人是不幸的；清楚如何达到目的的手段，但是却轻视了它的人，是不幸的；不知道自己追求方向的人，是不幸的；不过最不幸的还是这种人：对他有益的事，他甚至连想都没想，引路人的话他不仅不听，还憎恨引路人，别人指出他的症结，教他该怎么样医治，他根本听不进去。

　　为此我专门写了本文并将其出版了，让它面貌一新，它更明了地阐述了问题，也更符合实际。标题是《根除学校里的惰性》，因为惰性如果不除，就会成为绊脚石，阻挡我们对光荣美好事物的追求，而且其他人的训诫、指示、良好的祝愿，我们创建的学校、教师和宿舍，还有所有完善的规章制度及遵循制度的人，总之，这所有的一切永远都会是徒劳无功的。所以，我们现在面临的任务，是从智慧中将惰性这个导致灾难的洪水猛兽根除，或者用更准确的说法，我们打算完成这个创举。我还是头一次自立为勤勉的楷模，努力让和学校有关的人，还有那些希望本书是一本简明作品的人听从我，不过这是有条件的：第一，一定要读本书，它不是为谷蛾而是为人撰写的；第二，读了以后一定要理解，读了以后不理解，还不如不读；第三，一定要讨论本书，而且还要互相勉励。请你们多多交往，避免故步自封，因为前者会为人带来光明，后者只能带来黑暗。

　　我们的工作将要以这样的方式进行，好像我们在开一个某专题的讨论会。先提出一个让人不安的现象，然后努力找到可以将这个祸害根除的方法，找到以后，就竭力暗示和其有关的人一定要采用。

这种让人不安的现象，指的就是我们学校染上一种潜在的疾病，它已经把学校害得一点生机都没有了，现在是瘦骨嶙峋、面孔苍白。但是，它们却拒绝他人的挽救，或者接受挽救也是不情愿的，即便接受挽救，情况也没有好转，反倒是受的害更严重了，陷得更深了。

我对此十分清楚，这其中的原因很多，而且还很复杂，不过在我看来（因为已经有人就现在暴露出来的个别现象进行了研究，并且找到了根治的办法），一切祸因，都可以归咎于一点，那就是消极态度和漠不关心，它已是根深蒂固，在有人向人们指出学校的真正目的时，人们就会被这个祸因妨碍，让他们睁不开眼睛，无法看清这个目的，就算看清了，他们也改变不了这个消极态度。

为了将事情弄清，我们将依次对标题所包含的三种意义进行分析。

（1）在观念上，学校正是一个劳动场所，即便是非常愉快的，但是这里终究还是劳动场所；

（2）惰性对学校是一种极其有害的束缚；

（3）在将根除惰性是谁的责任这个问题弄清之后，将这个有害的猛兽清除，就是整顿学校唯一切实可行的方法。

因为学习也是劳动形式的一种，从这个角度来说，学校是一个劳动场所。

事实上，教就是让不了解科学的人了解科学，学就是被教。不过想教的人要自己先学，想学的人就要跟别人学。自己先学和跟别人学都是要学，要学就不能一直原地踏步，躺着确实舒服，但是不能一直在睡觉，而是要保持旺盛的精力，一直在学，保持注意力的集中，让自己全身都在运动。

有人由于缺乏经验而表示反对：在希腊语里面，"学校"这个词的含义是休息和安逸，但是休息却和工作是矛盾的。对此我的回答是：

对，但是和休息矛盾的工作，是那些让人疲倦的、机械性的工作，之所以要把学生从机械性体力劳动中解脱出来，就是要让他们将体力用在更大的脑力劳动中去。

在拉丁语中，有时将学校称为"ludus"，也就是游玩，不过这里当然不是让学生学会玩骨牌、扑克、象棋或别的无聊的游戏的意思——实际上，这个"游玩"的意思是学校是个专为学知识所设的、安静的安身之处，而学习知识，并不会让人感到辛苦疲惫，反倒会像游玩一样轻松，不仅培养了智力，还锻炼了身体。

学校是劳动的场所，而不是别的，这一点可以从一些荣誉称号和形象的定义中清楚地看出来，它们成功地表明学校和为学校工作献身的人们的特点。我们下面进行举例说明。

第一，人们将学校称为仁慈的作坊，一批没有受过教育的青年在这里接受教育。在作坊里（特别是在手艺坊、雕刻坊和写生坊），游手好闲和无聊至极的人已无一席之地。那里人们一直在劳动，他们干得热火朝天——锯木的、刨木的、旋光的、打凿的、雕刻的、画墨的，各司其职，夜以继日。除了礼拜以外，他们什么节日都不过。学校里的智力劳动在劳动强度上，并不弱于任何一种体力劳动，他们也是除了节日外，什么其他节日都不知道。

人们将学校恰如其分地称为"光明作坊"，这里的宗旨是教人智慧，将危及我们的无知、迷惘和罪恶的黑暗驱散，但是，如果你将学校设想成"光明之作坊"和灯盏，那么就得在学校里，为那些精力充沛、积极参与活动的人提供用武之地。最好一些人去找材料做灯盏，一些人做灯芯、熔蜡或脂油，再放进去灯芯，铸成蜡烛取出来，将成品包好包装，等等。

我们成功地比较过学校与建筑艺术，因为实际上这里的人们就像一块块打磨好的石头，准备去做公共建筑物的——经济的、政治的和宗教的——原料，他们会对建筑物的坚固与美观产生影响。

如果将学校视为永恒智慧的东西，如果没有人的双手，它是无法实现的，那么将大智大慧的化身——聪明绝顶的所罗门当作榜样，就将是千真万确的了。他打算为上帝修座庙宇，为自己建一座庭院，为妻子和法老的女儿造一间房子（这是教堂、国家和学校的象征），所以征召了很多勤劳的能工巧匠，将8万名伐木工和木工、7万名搬运工还有1300名监工派去黎巴嫩砍伐雪松，将树干截断后再运送到海边，扎成木筏后转运到耶路撒冷这里，夏天在位于疏割和撒拉坦中间的约旦平原上翻砂和泥。这些无疑都说明了，如果没有坚实且详尽的初等学校教育做基础，不可能获得建造教堂与国家所需的石头和圆木。所以学校只知道工作，当然，只有在工作环境优美的情况下，才会是愉悦的，就好像工作在飘溢着花香的黎巴嫩大森林里，或者在约旦周边盛开着玫瑰的谷地里一样。

如果我们将学校视为吃智慧草而长大的"羊羔"群，那么我们就可以看到，这时的学校就代表了工作与劳动，而不是懒惰和游手好闲。

将学校类比苗圃是可以的，因为学校实际上就是国家的苗圃。那些聪明的园丁不会将幼苗播种栽培在将来生长和结果的地方，而是一个特定的地方，这个地方叫苗圃或育苗基地。同样的道理，人也不会马上而准确地被安排到国家中去，让他们在那里获得发育和成长的，还要趁他们还很年轻、无生活负担，锻炼对他们很有好处的时候，提前让他们获得发育和成长。和园丁一样，呕心沥血地照顾，让幼苗顺利地从种子中发出芽来，或者让从树林中移栽到公园里的幼苗能够茁壮成长，再持续地进行浇灌、移栽、接小茎，让它们可以开花结果，直到在多年悉心照料之后，移栽到了公园的指定地点、已经茁壮成长起来的幼苗结出丰硕的果实，学校里从来都是这样的。如果我们不想让这些即将结果的幼苗枯萎，不想让它们不结果实或者最终死去，我们就必须将大量的心血倾注到国家的苗圃当中。

将学校类比分娩床，是最正确不过的做法。哲学家苏格拉底的妈妈是一位接生婆，他先让自己聪慧起来，然后用自己的智慧培养了很多的人，自愿做着"接生婆"。这是很聪明的。他们可以用自己灵巧聪明的双手将产儿带到人世，他们拥有绝顶的智慧，体态匀称，能言善辩，道德高尚，活泼可爱。在产房里他们是大有用武之地的，这里的工作十分繁忙。当产妇生产有些痛苦时，接生婆就将可以减轻她疼痛的药物拿来，熟练地搅拌后再认真地品尝一下。在场每个人都在为保障产妇和产儿的生命与健康忙碌着，即使他们帮不上别的忙，因为在他们看来，可能觉得精神上的接生术不怎么重要，而且他们可以漠不关心或者开心地做这些事情。

所以，学校被人们称为缪斯的竞赛场，还和战争相比，也不是全无道理。精壮的青年参加了军队。他们天生就是要同懒惰、谬误、恶习这些人性的天敌作斗争，铲除国家里的一切粗鲁、腐朽和肮脏等。但是，谁曾见过不艰难、不困苦的战争？人们之所以发动战争，可不是为了获得快乐，而是因为战争，才让自己走上了布满灾难与困苦的道路，如果统帅、将领还有士兵没有抢到世界，没有获得荣誉，没有得到丰厚的、能让他们欢乐和兴奋起来的战利品，他们一定不会善罢甘休的，还会竭尽全力将战争继续下去。

因此，学校是什么？积极肯干的人才是它所需要的，它是如何对待师生，如何对待和领导有关的人，为了可以将这个问题更好地阐述出来，我们就来看一位好教师、好学生、好学校领导的典范是什么样的。

一位好教师，他不仅要努力做到闻名遐迩，还要名副其实，不可以虚有其名，所以他不应逃避任何和教师职业有关的工作，而是认真地干，不是走过场式地完成工作，而是认真地完成工作，引用塞内卡的话告诫学生时，不能说过就算了，而是要让学生受益终生，他说："劳动可以培养高贵的智慧，但是如果你只是没有将工作放弃，那么结果也不会让人满意，你应该对工作有自己的要求，怕流汗的人不配当男子汉大丈夫。"优秀的教师会去找学生（昆体良说："他会以自己学生众多而自豪。"），会去找要教给学生的内容，或者耐心地将一切可教的内容教给学生。他会总在思考自己要怎样才能教好，让学生可以勤奋而愉快地吸收知识，而自己不必动用惩罚殴打的方式，这会让学生大哭大叫，对学习产生厌恶的情绪。他像一位勤勉的雕塑家那样，竭尽全力地塑造出尽善尽美的塑像，再上色、磨光、修整、润色，让它酷似原型；像永恒世界那些纯洁无瑕的仆人那样，渴望将智慧的黑暗驱散，让一切思想与行动之中都充满光明；像一位精明能干的建筑师那样，将知识之林砍倒后，运到一个地方，找一个适当的地方摆放整齐，再砍削成各种形状，好能够建造各式各样的住宅；像一位出色的牧人那样，一直守候在羊群旁，时刻关心照料着羊羔，让它们远离野兽的惊吓和病毒传染，也不会迷了路，他会将羊群带到生机盎然的优质牧场，让羊羔喝上流水；像辛勤的园丁那样，对别人托付的、在花园里培育的幼苗悉心照顾，在生长期间精心照料，浇水施肥，让它生机勃勃，迅速成长；像一位善良的产科医生那样，在被请到饱受折磨的产妇的床前时，他仔细考虑的是，怎样才能让她比较轻松顺利地分娩……哪个学校，如果有了这样的教师，那真的是非常幸运。

　　同样，出色的学生正是那些名副其实的人，他们为了掌握知识，困难再多也不怕，他们苦心钻研，直到精疲力竭。工作可以为他带来精神上的安慰，面对困难，他不但不会躲避，相反还要主动去寻找困难，紧张与辛劳也无法将他吓倒。他的目标远大，他的学习是持之以恒的，直到自己体力不支。他坚持不懈地学习他人，时时刻刻以自己的老师为榜样，和同事比赛，力争迎头赶上，并将他们甩在身后。毫无疑问，他可以成为那种立志成为人物的典范。他纯净得像充满阳光的空气；像一块将要建楼而平整过的基地，一栋拥有一切最优秀智慧的大厦将在这块基地上拔地而起；他像一个急切地想奔向饲料场的小羊羔，像一株高贵的幼苗，即将长成一棵天堂之树，结下累累的硕果，散发着诱人的芬芳；他还像一名战士，对自己领袖的一举一动保持关注，并且对战利品怀着无比的渴望。

一个出色的督学，会为学校的繁荣而感到忧虑，学校的形势如果不好，他会觉得难过。他将学校视为自己的斯巴达，他的使命就是要维护学校，让学校更加美丽。他的职责和一位优秀的总司令类似，他在为军队培养优秀的统帅和指挥官，首先教会他们怎样组织训练和培养出杰出的士兵，制定规章制度，为部队供给精良的装备，训练全军，让所有士兵都纪律严明，忠守誓言，对委任与军饷表示关心，然后率军作战，鼓励士兵们坚守战斗岗位。他不允许军队出现萎靡不振的现象，总会利用筑工事、采粮秣、搞袭击，还有和友军开展实战演习，来让士气保持旺盛。战前，他通常都会下去走走，对军队进行整顿，时时都在提高他们的信心，用许诺和威胁刺激他们，激励他们，召回那些逃跑的人，搀扶那些体弱的人，表彰那些勇敢的人等，总而言之，他在鞠躬尽瘁地操劳着。为了获得胜利，他无所不为，因为他十分清楚，一旦战况不利，祖国就会遭遇灭亡，而他自己也将蒙受羞辱与蔑视，只有胜利，才能确保祖国的安全，而他自己则将凯旋。

看，极大的热情、蓬勃的生气、旺盛的精力、忘我的勤劳，而不是停滞不前和退步，才是这里所需要的；要先预料到仍在做但尚未实现目的的事，而不是看已做成的事，才是这里所需要的。

但是，这些都是这样出现在学校里吗？有那么活跃吗？噢，希望如此！那时同样可以看到，因为警惕和勤勉，这一切都会如愿以偿，大功告成。

但是，有可能将这些全都掠走的，就是那个我们一开始说的、会带来灭亡和呆滞的恶魔——惰性。在将智慧中的惰性根除时，我们能够清楚地看到：（1）惰性到底是什么？（2）它对学校的统治程度，究竟有多大？（3）它的恶劣影响，到底有多深？

惰性是懒惰的，还表现为对劳动的厌恶。和惰性有关的是：（1）逃避工作，推脱分配给自己的工作；（2）冷漠地、无精打采地完成工作，就是在走过场；（3）漫不经心地工作，或者半途而废。

我们难道没有在学校的每个角落发现这类的现象？难道师生们不是更想从学校离开吗？当然例外还是有的，得有留下收粮食的人，否则就没人收割了。但是，留在那里的人，难道他们就愿意将时间浪费在这些无聊的事情上吗？再说他们就不会在规定的劳动时间内消极怠工吗？甚至在还没有学成的时候，难道就不会逃离学校，就像逃避磨坊里的劳动一样吗？

比如说，在我们提起教师时就一定要指出，统治教师的惰性的最首要表现，就是他们没有思考该如何获得真正完全的教育，也没有思考自己还要为受到这种教育而付出的劳动。我将弗尔茨引用的伊拉斯谟的名言当作镜子放在他们眼前，就为了证实这一点："一个人如果即将着手教某一个人，那么，他就要将最佳的内容教给他，但是要想能教最佳的内容，还要用最佳的方式，说实在的，他就应该是一切都懂得的，或者说如果人的智能无法做到这一点，那么至少每门学科的最基本知识他是要懂得的。作为一名古代语教师，不能只知道十来个作家就满足了，我的要求是，他要熟悉所有的科学知识（这一点请多加注意），成为一个无所不知的人，即使在最开始时，他只能教很少的东西。所以，他要对每一位同时代的作家进行了解，不要放过任何一位作家，好打下雄厚的基础，从他们那里获得体会等。"不过，又有哪位教师首先关心了自己有没有受到了这样的完全教育，然后去做一个活的图书馆，成为辉煌的、普照学生的太阳？

因此，孤陋寡闻的人，只能是教得少或者不会教，更不会在教学中下功夫以获得成功。哪个学校领导让学生见见优秀的作家？每年学校又来过几个作家？10个还是12个？要明白的一点是，伊拉斯谟也不会满意这一点的。

如果教给学生某位作家的作品，那么想要胜任这项工作，需要多大的努力呢？每天得教几个课时？和弗尔茨一样的人多吗？他们可以自豪地讲："我一天可以连续教 12 个小时，另外为了锻炼自己的口才，我们有时还要进行演讲，题目和世界，或者和其他问题有关。"到哪里去找这样的人呢？

至于说到学生，我还能说什么呢？惰性这个最可恶的敌人，从各个方面将我们的学生包围了，这一点难道还不是众所周知的吗？首先，浓郁的黑暗笼罩住他们的智慧与灵魂，他们甚至都识别不了什么是真正完全的教育的影响，所以他们无法感觉到教育的规律，对他们这些半教育奴隶而言，就学一点科学知识就可以了，就好像那些冷漠而懒惰的俘虏，即使将他的枷锁拿掉，并让他离开黑暗，他也会对这一切毫不关心，反而宁可在黑暗与恶臭当中度过他那难堪而又无味的一辈子。

其次，惰性堵住了学生们的耳朵，因为在他们看来，教师讲课是累赘，如果可以这样认为的话。他们听不听讲都是一样的，不管学多少年，他们都还是学生。

惰性将他们的双眼蒙住，让他们成了睁眼瞎，所以他们懒得都不想在家读书了。他们名义上是大学生，即专心致志对精美的艺术和科学进行学习的人，而实际上，他们是豢养惰性与冷漠的人。

关于他们的语言，我可以说些什么呢？他们中大部分人，话刚到喉头就噎住了，这说明他们很少有问题，叙述马马虎虎，回答平平淡淡。

关于他们的情感，我又可以说些什么呢？这里一片死气沉沉。他们连恳求对他们的聪明才智进行培养的愿望都没有，这是最起码的了，他们拒绝为了保住自己的记忆力而每天记住点什么，他们更是从来都不勤于思考，不想将自己的大脑训练得非常敏捷。

他们的双手是这样的懒惰，以至于他们从来都没有留心作家的宝贵意见，用类似的摘要来武装自己，让自己更加丰富。

这种人始终无所事事，结果就是他们整个身心都会陷入虚弱与疲惫，最终他们中的大部分都会将自己要当大学生和献身教师事业的目的忘记，而是将时间都花在了吃喝玩睡上（不仅晚上休息，白天休息的时间也超标了），将自己的青春年华都在懒散闲逸中虚度了，将人生的春天都虚度了。

如果他们不准备从事某个职业，那么他们所干的那些肮脏的事，会对大学生这个高贵的称号造成坏的影响，比如游手好闲、闲扯吹牛、玩骨牌、拳击、击剑，心安理得地安逸度日，夜间闲逛，等等。

校领导对学校关心的标志是什么？他们为了防止出现秩序混乱操了哪些心？当事情发展到了秩序不整顿就不行的地步，他们的努力有什么样的重要性？在其他的地方，根本没有领导管理学校，因为职务上并没有设，而设置了领导的地方，这些人却很少尽职尽责，没什么警惕性，又没有充沛的精力，计划的任务很少能够完成。他们不怎么参观学校，不怎么检查教师的工作和学生的学习，也不怎么教训那些玩忽职守的人等，基本上对这个事业是放任自流的态度，只要没有到让人气愤的地步，他就心满意足了。

由此产生的这些，不正和我们在作坊里所见到的是一样的吗？在那里，懒惰的工人用睡觉、玩耍和无所事事来打发时间，每一项工作不是不彻底地完成，就是半途而废了。这不正是工地上正在发生的事情吗？在那里，要用的木材没有被砍倒，四面没有砍削干净，也没有锯断，没有好好地进行加工，所以建筑基地那里还是一片空地，或者有一些草棚代替了建筑，还是四面透风、歪歪斜斜、简陋不堪的。这不正是战争中所发生的事情吗？在那里，玩忽职守的统帅还有士兵获得胜利的保证，然而他们会让胜利从自己的手中溜走。这不正是农田和花园中所发生的事情吗？在那一片荒芜的田园里，成长起来的是一些无法结果的莠草，而不是果树，也不是美丽的荆棘丛。

这样一来，因为疏忽大意统治了学校，所以它们就不可能给我们带来预期的效果。作坊生产出来的将是粗糙的原木，而不是匀称的雕像；是冒烟的焦木，而不是世界巨灯；是淫欲的山羊，而不是无辜的羊羔；是带刺的灌木丛，而不是能结出丰硕果实的大树。要想将这些缺点改正，就要从学校里将惰性根除。

将惰性根除，这意味着什么呢？它意味着要采取强有力的反击措施。那个给我们带来极大不便的事物，是不愿自行灭亡或者不可能悄无声息地灭亡的，那我们就要推开它，批判它，用棒子打它，用鞭子抽它，或者用别的类似的、能够让它害怕、可以让其逃窜的武器驱赶它。

所以，如果我们想将惰性根除，就要采取强有力的措施，去对这个可恶的习惯发动反击，是它让我们这样的萎靡不振、软弱无力，让我们在获得智慧的过程中毫无竞争力，同时我们还要将惰性彻底根除，不能再让它将学校弄得衰弱不堪。

但是，将这个恶魔根除，谁会来参与呢？据说，如果公野猪（那个众所周知的，在诗歌中被颂扬的）毁坏了埃托利的田地，在埃列亚君王精心耕种的葡萄园里肆意践踏，那么最强壮的猎人和全体埃托利人都会集合起来，将它杀死；如果我们的羊群遭到了狼的袭击，那么贵族、市民和农民们也会集合起来对付狼群，保护自己的牲畜；如果祖国的边疆遭遇外敌侵犯，那么任何人都不会拒绝拿起武器。

当然，首先要从这个恶魔已取得优势的、已根深蒂固的地方下手，将其消灭。但是，谁来做呢？我们总会听到对教师的满腹怨言，但是教师却归咎于学生，不过毋庸置疑的是两面都有错。教师不愿意卖力地教，学生也懒得努力地学，所以双方都算不上认真，但是教师还是要占大部分的责任，因为他们是罪过的根源，他们这种危害极大的"榜样"影响，像无数条小溪似的，泼洒在学生的身上。

同时，另外的一些人应该将关心此事作为自己的责任，他的劳动、美德、荣誉、良心还有现状都被这个恶魔影响了。在学校里，师生和校长一起来关心这件事；在学校外，家长也来关心这件事。

不管是学生身上，还是教师的身上，都应该将惰性根除。

在根除自身的惰性时，请记住自己崇高的志向。对根除惰性，典型的勤劳艺人可以发挥作用，他们中的任何一个（堕落的人除外）都会力争在本行业中出类拔萃，精通工作中需要的所有手艺。铁匠能将铁软化，让铁可以像蜡一样拉长，然后再做成任意一种形状。铸工可以熔化金属，然后马上铸成塑像；画家可以画一幅栩栩如生的肖像；园丁十分自信地播种、育苗，再让它保持苗壮地成长。如果人类的教育者还比不上他们，难道不应该觉得着愧吗？

这样的对比，甚至会敦促你去想一下，你将会如何陷入自相矛盾的困境，如何获得名不副实的称号。那些不学无术的教师还有消极怠工的领导，就像没有身体的影子、没有雨的云彩、没有水的源头、没有光的灯，都是空有其物。他会觉得着耻的！你既然身居其位，就要行其事。你拿着兵饷，你就是一位士兵；你是一位教师，你就要学习，否则就要将你的假面具撕下来。

要留心观察一位懒惰的教师会遇到的不开心的事情。真尼斯看到没有表现好的小孩时，就会杖打小孩的老师："你就是这么教的他？"如果他的做法是对的话，那么那些无知、坏事干尽的学生的教师就要小心挨揍了，因为放任自流或者没有很好地服从领导的人无法自制，他们犯错误是可以宽恕的。懒惰而又无能的学校领导是一切罪恶的根源，他要对他的下属品德的完善负责任。

一位勤勉努力的教师，可以有三种方式根除学生中的惰性：第一，在学生心目中树立起一个积极、勤勉的榜样来。噢，这多么的有意思啊！一颗已经被扔进灭炭堆里，但是还在阴燃的炭，只要你使劲地吹它一下，它还是会燃烧起来。如果亚历山大在冲向雪堆、咆哮的河水或密集的敌人时，命令本部士兵紧随自己身后，那么他就会率领全军，拿下这场胜利。忠诚的教师，请你首先将自身的惰性根除，这样你就马上会发现学生身上的惰性也已经消亡。坚忍有毅力的弗尔茨不畏艰难，每天勤学四、六、八或者十个小时，还觉得自己精神抖擞，对他进行有效的模仿的人也不在少数。

第二，如果因为顾虑重重，只要求他们去看、去听，这会让他们感到厌倦，应该为他们提供在实践中获得锻炼的机会，此外还应该强制性地让他们锻炼。让教师强迫他们照自己所说的去做，并让他对犯错的人进行纠正。这样智慧就会持续提高。因为人好动的本性，对一切运动与锻炼都是喜欢的，所以你只要给它指定一个方向，而不是让天性都衰退了。

第三，友好的、心平气和的交谈，对学生的作用是非常好的，在教师面前，学生就不会像在暴君面前那样吓得浑身发抖，而是爱戴自己的教师，就像爱自己的父亲那样，无拘无束地请教他。

这里我承认，在参观学校时，当我看到教学没有顺利地进行，我是特别惊奇的，我发现一部分教师是这样树立自己的威信：他们几乎不和学生交谈，只是在他们身边走来走去，像个木偶一样，又像将几块骨头扔给狗一样，给他们布置很多的作业，如果学生没有完成，他就会大发脾气。这是在干什么？这不是在将学生的天然兴趣扼杀、引诱他们对学习感到强烈不满吗？你是谁？是偶像吗？你有舌头，不会说话吗？有耳朵，听不见吗？有眼睛，看不见吗？你想不想让学生喜欢你？你绝对成不了学生的上帝，除非你不再当偶像了；你也绝对无法胜任教师这个职位，除非你学会怎样像他们的父亲那样地工作。

当然，学生自己也应该根除惰性，就像上面说的，榜样和聪明的领导，是最能培养学生志向的手段了。如果开始行动后要借助理性与信念的话，那么首先要将他们对智慧的热爱激发出来，然后在任何一个学生都不想受到纪律处分的情况下，让他们尝到想要热爱智慧，自己就得付出劳动的甜头。

所以，首先要多多地称赞他们，以让那些已经热爱上智慧的学生没有感觉到得到智慧所遇到的困难。成为一个有智慧的人意味着什么？它意味着可以分辨事物，处处都觉得善大于恶，较好要比好差一点，总会找到最佳的办法来实现自己预期的目的，并且已经掌握了运用这些手段的方法，所以无论在什么时候、什么地方做什么事，他都将一切看得分明，而且还能善意地劝告别人，他那雄辩口才十分迷人，品德高尚，对他来说，生活是愉快幸福的。

要想得到这个好处，就得付出努力，因为对美德的追求之路实在不易，如果没有顽强的努力，别想得到任何的荣誉。在那些觉得不管做什么工作，都比无所事事强的道德家看来，世上无难事。一个开始了一项崇高事业的人，就应该减少睡觉的时间，就一定会遇到困难，就不应该去参加那些奢侈的大宴席，要远离一切可能削弱精神的事物。亚历山大在年轻时，从来没有耽误一点时间，所以他征服了世界。如果每天都不让大脑闲着，而是坚持不懈地工作，那么无论什么科学险阻都可以战胜。惰性是可恶的，而且是一种非常可恶的恶习。因为有了它，即使是离天使最近的人，也会成为笨蛋。请你们对天上地下的其他人保持关注，他们中无论是谁，越高尚就越积极、越活跃，比如亘古运行的太阳和璀璨的群星。而正相反的是，无论什么事物，越是停滞不前，就越可恨，越会遭到蔑视，就比如石头和泥土，天生就是被人踩的。

如果这些例子还无法说服一个人将自身的惰性根除，可能他的年纪还小，那么请你用枝条将他身上的惰性驱走；如果他是一个成人，那么请你将学校里的惰性驱赶出去，就像驱逐恶魔一样。在一群勤学的人中间，一个懒汉能干些什么呢？他一旦从勤学的人身边离开，消失的速度会更快。果断的战士之间的友谊可以迸发出巨大的力量，与众多的懦弱的人和懒汉相比，这种友谊更能迅速地将敌人打败。

为了将学校里的惰性根除，学校领导可以做些什么呢？以下五个方面的工作是他们需要完成的。第一，他们要尽可能地为年轻人提供出色的教师，即学识渊博、勤奋善良的老师。这些人应该去做教师，因为知道得不多的人是当不了教师的。要是勤劳的人，因为如前所述，学习是劳动的场所。要是善良的人，他才会乐意地将这些发现分享给他人，而且是因为他们时刻做好了学习未知东西，并大度地教给别人的准备。第二，学校领导不能一次将事情办得有条不紊就满足了，因为我们用拐杖和木棒将坏习惯（坏本性）驱走，它早晚还是会卷土重来的。第三，他们应该经常对学校进行视察，了解大家有没有各尽其职。第四，他们应该关心发给教师的补贴，特别是应该发给那些勤勤恳恳的教师们奖金；另一方面，对那些工作马虎的教师，他们应该使用惩罚和有效的处理来作为警告。第五，他们要让教师每年两次学习学校的规章制度，好让人人都知道自己的职责，对自己因为不知道而带来的疏忽大意也不会原谅。

那么学生家长又可以做些什么呢？可以做的很多。我们真的可以坚信，如果我们没有在学校里将惰性根除，就没法在国家中将它根除；同样如果没有将它在家庭中根除，那就不能在学校里将它根除，这是千真万确的。而那些一贯受到鼓励、积极的孩子，在入学前就获得了良好的教养。有一句名言非常富有智慧："当一个人还在摇篮里的时候，就要对他进行保护，避免他染上危害一生的懒惰以及无所作为。"因此，聪明的帕提亚人，还有后来那些勤劳刻苦的人们，都对自己的孩子进行严格的训练，让他们每天运动、干活，在跑步和投掷铁饼竞赛之前，不把他们累得筋疲力尽、满头大汗，就不让他们吃早饭。如果有这种锻炼经验的年轻人来到了学校（而不是现实中那些常会遇到的懒惰的笨蛋），那么以此为基础，开展学校的工作将会多么的容易！

所以对根除学校里的惰性，聪明的家长是可以产生巨大的影响的。如果他们在家里就没有对这个恶习是姑息的态度，也就是说，如果他们自己过的就不是那种无聊的生活，不会坐视自己的孩子还有家庭别的人沉湎在会让人愚钝的无所作为当中，而是坚持让每个拥有健全的四肢的人都去参加活动，在某种有益的工作中忙碌，即使是那种还很幼小的、无法做比较严肃的事情的孩子，也要让他去玩，目的就是让他不会成为一块迟钝痴呆的圆木头。

如果除了这些，家长按时将孩子送到学校，如果他们不管怎样都不让孩子辍学，如果他们总在问孩子们在学什么，获得了怎样的成绩，那么这些对于学校的工作开展都是有帮助的，至少家长们可以趁午餐和晚餐的时候，问问孩子们今天都记住了哪些内容（这不会耽误时间，一般吃饭时总会说点什么的），如果孩子们回答了提问，就不要逼着自己等待所希望得到的结果，他们的智力和讲话能力就会一天天地提高。

在下一个世纪将会是这样的：它未来的公民没有不曾受过教育的，在聪慧的帝王国家那里，对聪明智慧的研究还会使其他事物也获得极大的发展，聪慧的帝王会说：聪慧贤明的人无数，才是世界的幸福。

但是，这些高高在上的人究竟应该怎么做，才能在学校中保持精神饱满呢？首先，应该做出典范的样来，处处将自己旺盛的精力和指挥才干展现出来，这样别的人看见他们将全部身心都投入到那么多的事情当中，也就会精神饱满了，那句谚语说得对：有其主，必有其仆。

其次，他通过开办新学校，重振那些荒废了的学校，对教学与教育发展不完善的学校进行改革，将贤明的、积极的、受人尊敬的人荐举到领导岗位上，做了学校的督学。一般说来这样的人就可以称得上杰出的人才了。如果他们为那些忠实可信的工人保证供给，避免出现饥饿逼着他们逃离这个神圣使命的现象，他们就可以完成这一点。有这样一首真切的四行诗，却证实这是另外一回事：

如果灯盏里没有注入油，

它在黑暗中就不会发亮；

如果劳动没有得到应有的奖赏，

那么力量会在一瞬间消失光。

当权的人利用提高学校领导的威信，鼓励他们要对自己的威信进行维护，就能够做到这一点，让那些品德高尚、诚直坦率的人，不会因为卑鄙小人和敌对者的诋毁和攻击而感到痛苦。那些卑鄙小人和敌对者因为无法以他们为榜样，所以策划了阴谋诡计，对这些无辜者展开攻击，破坏他们已着手整顿或已整顿好的事业。如果他们没有将这些因素消除，如果他们不自己动手将这些阴险狡诈的人摧毁，而是指望上帝的帮助，那么即使是最好的工厂和计划，也会遭遇类似的、来自阴险毒辣凶残的人的破坏，至少也会构成阻碍。

我们看见了，恶毒的阴谋是如何和高尚的品格抗衡，惰性是在如何和积极性互相抵触的。而这些又都发生得十分隐蔽，同时又非常凶狠。我同懒怠进行过斗争，我努力地告诉它们，这里没有它们的空间，如果善良总是比庸俗好，就会对那些存心不良的人形成震慑。

他们好像在埋怨难以采纳新的教法，无法适应人的本性，如果他们愿意就请听听塞内卡是怎么说的吧："高尚者不会考虑自己的力量，而会考虑人类本性的力量。"我再说一遍，如果这些精神上的侏儒不是去适应学生的情绪，而是去适应学生和学校的本性就好了。

他们还特别埋怨新编语法太难了，如果一直是这样，我就有权在语法教科书的卷首加上一行标题——"为师生互教而编的、明智的语法教材"。事实上，要是教师不想先走，那就让学生先走，要是不是你，那就是其他的人。

我始终都认为，年轻人非常容易就养成了不想、不说、不干的习惯，好像他们已经充分地了解了做人的方法和相应的准则，所以人们问学生他们在想什么、说什么、干什么？是怎样地想、怎样地说、怎样地干？又是为什么会那样想、会那样说、会那样干？他们要是可以认识到这一点就好了！而要想真正地搞清楚它，是不能指望一般的教育的。

在这件事上，如果你不爱听我的直言，那么你就不会明白爱的力量意味着什么，而这种力量，可不只是在于揪住某人的头发，将他救出堕落的深渊，不管怎样它都不会乐意做类似的事。请你们记住，我们是人，是富有人道精神的人，而不是天生就是冷酷无情的，能让性情暴躁的人变得温和的人，是不可能冷酷无情的。

我们既然已经走上了这条路，就要语言与榜样双管齐下、互相激励奋发，我觉得这是十分正确的。诗人对那些追求自己竞技目标的人是这样说的：落在后面的人，会被旧日的恶习击溃。

我们年长的人和年轻人都要将自己的事业完成，特别是在对智慧的追求这个十分重要的问题上，要知道，站在这里原地踏步的人，一定会被惰性这个旧日恶习击败。那些只是一时追求智慧的人，就让他以此自慰吧。不管是现在，还是将来，我都只愿意和比较积极爱动的人交谈，教导他们。

为了让大家可以将这个问题弄清，我准备写一篇关于将学校里的惰性根除的文章。我已经将这篇文章写完了，我现在将它献给你们，亲爱的匈牙利人！祝你们互相勉励，生活幸福，不断获得进步！因为，你们的太阳正在冉冉升起！

第八章
为了教学进步而机械设置的教学机器

我们承担起了两重任务，但是目的是同一个，即表明找到了摆脱烦琐（不愉快的事）的出路，或者是寻求这个出路的方法正在闪耀着希望之光。我认为应用摆脱迷途的方法和人工机器来对这一点进行解释。

我以前说过，如果我们无知地徘徊，那么对我们每个人来说，这个世界，我们生活和工作的空间都是迷宫，并且真理的女儿——智慧之神无论如何也不会建议我们处处去关注那些平凡和公正的东西。

现在有两点需要指出：（1）很多学校至今仍是无止境地扭曲自然天赋的迷宫；（2）找到了摆脱无穷困惑的方法，不仅正确，而且简单。

显然，学校是迷宫，因为它们任何相当稳固而确定的目的都没有，更不用提实现这一目的的手段以及运用这些手段的规则。

因为如果你问：学校的目的是什么呢？你听到的回答会是这样的：研究语言、科学还有艺术。但是研究的是什么语言、什么科学、什么艺术？在什么样的范围内进行研究？这些都还是悬而未决的。为了教而教，为了学而学，也就是为了活动而活动，任何时候都不相信可以实现工作或追求的目的。

什么手段呢？抓住一些模糊的手段，任何正确的东西都没有。如果将某物作为正确的手段，那就是一些语言书，从这些书里，是无法得到对自身、对万物的正确理解的；在书中，就连那些语言作家自己都会在迷宫里迷失了方向。用这些书，有智慧的人都会被它们引入迷宫，受困，迷失方向，不知所措。

如果你对规则进行研究，就会发现完全真实的迷宫，天才的罗宾证明说：我认为学校教育孩子的方法应该是这样的，用对其辛劳和勤奋给予奖励的办法，委托他想出一个方法或方案，这样，教师教，学生在惊人的劳动和较长的时间中学会了拉丁语（这点在《最新语言教学法》的第七部分中进行了详细的讲解）。这里说了拉丁语学习方面的紊乱状况，但是还没有为大家所接受的教授和学习别的语言、科学、艺术的方法。

所以，是否已经找到了其他更好、更灵活的教学方法呢？在什么地方呢？对此我的回答是：在符合内外情感的、为每位学生所乐于接受的自然方法里。它从人的本性出发，它的形成和万物相配合，它本身含有目的、手段和自趋完善的力量。

我认为，人的天性就是灵活地透进脑海的、简单而正确的阿里阿德娜引路线；它的长度足够我们找到所有迷宫的出路，人的天性从来都不会迷失方向，被紧紧地缠绕在线团（自己的中心）上，不会松开。运用这种流行的、有一定之规的方法，对于确立学校的目的、手段和实现它们的原则来说，是可行的办法。

以后你们会明白的，学校的目的应该是让人适应他的使命，也就是让他受到可以让人类天性得到完善的一切教育。他应该成长为可以支配他拥有的万物的人。人类诞生的目的，是遵循理智和自由的意志，理智地支配自己，平静、理智而得体地生活，以便与他人相互服务。这些是所有目的的核心，不管我们怎样发展，都不能放弃。如果从这点出发，学校的目的就是统一、简单和正确的（在第一阶段）。对于防止迷失方向来说，它足够用了——全面地让人高尚，不管研究什么（文学、道德等方面），都研究的是整体，而不是零散的、片段的或残缺的。在所有好的、美的、有用的事物中，我们的天性无论在什么时候、什么地方，都会认为整体要好于部分，充实要好于空虚，稳定要好于动荡。所以，它给研究文化的学校预定了一些让天性变得高尚的界限。

由此，还有一些从属的目的：理论、实践、运用物质。因为我们的天性试图将它不得不做的一切弄清，追求完成这些和运用知识、技能的能力。所以，受天性要求和推动的学校应该教授这些内容：（1）理论；（2）实践；（3）对一切好的和有用的事物加以利用。这就意味着学校应该做到随时随地教：（1）某种物体是什么，凭借什么而存在，好能得心应手地理解事物；（2）如何精确地进行，从而能将其复现出来；（3）知识和技能的用途是什么，从而掌握对每种事物的恰当运用。一句话，不是出于好奇心，只是为了了解些什么，而去研究、学习和理解随便一种什么东西；学习的目的应该是弄清事物的来源，但不能对它的好坏是无所谓的态度，而是为了在生活中妥善地利用一切。

这天性表明了用于实现上面说的这些目的的手段，因为它研究的，也就是它想知道的，它试图再现的，正是它试图掌握的，能为它带来好处的，就是它准备利用的，这就是稳定的自然方法，研究一切值得研究的方法，尝试一切值得去做的方法。所以，如果学校得到了适于认识一切的、用于研究的模式，有可以用来完成这项工作的工具，并有正确地利用一切事物、避免滥用的各种指令，学校将有很多走出迷宫的手段。

最后，这天性也为自己和学校预定了活动原则，从对陌生的眼睛和对事物的理论认识并不信任，到愉快地转向自己的各种情感。学校应该把一切介绍给学生，让他们自我感受，去看、听、嗅、尝、摸，去获得所有。所以，学校可以让人的天性从某个时期我们正与之斗争的无穷的模糊和幻觉中摆脱出来。而对于实践而言，人的天性依然是绝妙的。因为它始终希望实现这些，直到看到万物都对它表示服从，并获得预期的效果。就让学校按照这点，并教导学生去模仿和理智地完成他们该做的所有事情，直到他们完成自己的事业为止吧！最后，有些东西是人类的天性所不愿了解、不愿做、不愿徒劳地拥有的，那么学校就不应该将这些东西加进去，让每个学生去做或了解他无法利用的东西。也就是说，学校应该教会学生实际地运用自己的智慧和知识，坚持面向他手中的事物还有和他们一起生活的人，使他们可以在今后的一生当中，都沿着他们在学校已经开始了的方向继续下去。

这就是阿里阿德娜引路线，一种自然简单而又正确的方法，如果能够正确地使用它，它就是那个绕在线团上的、简短而又实用的引路线，让人可以很轻松地走出曲曲弯弯的迷宫。但是有人可能会问：难道我们的方法不是这样的吗？在意念中看到某物应该是怎样的，比证明它的实际存在简单多了。我的答案是：完美的东西是有自己的级次的。所以，如果它无法达到最高级，那么它就会将自己的名称丧失掉。如果我这些年始终在对自然方法进行研究，以至能确立它，那我相信，我已经获得了一定的成绩。

因为，在对整个人类天性的形成进行研究的过程中，我坚定地确立了综合目的，引导青年在遵循这些目的时，可以感觉到在现在和未来的生活中，无论是身体、智慧还是心灵都是无比美好的。所以，如果所有人或者大多数人在认知道德方面受到过完整的教育，那么家庭和国家都将会获得绝对的安宁。只要是读过我的著作的人都会发现，书中的所有的内容都是以此为目的的。

我所规定和应用的行动原则，其实都是自然自己规定的，正是通过理论、实践和应用而形成的，同时为了让所有的学生可以时时自己去钻研、感受、表达并应用。我通常都会发展自己学生观察、言语、实践、应用的独立性，并将这作为获得扎实的知识和道德的唯一基础。

如果我还没有将所有单个事物和有价值的知识挑选出来，准确而迅速、轻松自如地传授给学生，那么也不能因此认为我什么都没有做。如果不许向前走，那么哪怕只是达到某种界限也是不错的。但是，如果我们将自己已经掌握的东西铭记在心，那么就可以再向前迈进了。对某些最重要的部分进行解释的任务由我承担了起来，科学、技能、语言、智慧、健康时刻都是以此为基础的，现在也以此为界限。在奥古斯丁看来，认真地掌握一点，比泛泛地涉猎许多要更加有益。普林尼也觉得少种是有益的，可以日后再好好耕耘。塞内卡认为，懂得不多但是可以灵活运用，比知道得多却不得要领要好很多。

所以，我们的方法是让智慧摆脱所有的迷宫，给的并不多，但对生命是非常有用的，而且还可以通过应用，扎实地掌握，并应用在实际当中。

我自己意识到，在我写给青年人的书中，材料的堆积和语言带来不少的困难，有人会利用这一点对我进行反对。我的回答是情况属实，不过阿里阿德娜引路线可以开拓出一条道来，将这些困难一一克服。给的东西少，重复的次数多，按照这个原则我打算承认我的书，甚至包括那些即将出版的书，都应该进行修订，原因是里面可能有明显的错误。

这是和摆脱迷宫方法有关的灵活性。除了这个以外，我希望人类的教育成为机械式的，一切都是进行了确定无疑的规定的，从而让所要教、学和做的所有内容都卓有成效，就好像在制作精良的手表、马车、船、磨和其他运转的机器那样。好像钳工、纺织工、制帽工、制镜工、裁缝或鞋匠用自己作坊的材料，分别制成了刀、毛巾、帽、镜子、裙子或者皮靴。每一个被我们吸收进入文明作坊的孩子，都应该以一个真正的人的形象走向社会。我这里所说的真正的人，就是万物的主人，可以主宰自己或自己事业的人。

但是这个方法能十分可靠吗？如果构成这个方法的过程比较机械，即：（1）这个方法由一切必要的组成部分构成；（2）每个组成部分之间相互服从；（3）这些部分为内聚力牢固地连接在一起，以至一个部分运动，其他部分都会跟着运动，如果可以做到这样，那这个方法就是可靠的。如果这三点都具备，那么事物就会取得进步。哪怕只缺少一个，事物都会停滞不前。这种情况和手表等机器的原理有些类似，如果缺少关键的部件，或各部件协调性较差，机器就会停工。

教学机器的必要条件是什么呢？各部分的位置次序是什么样的？它

的内聚力怎么样？答案在下面，在一部机器的机械结构中，应该注意以下这些：

（1）目的——希望机器应该产生的功能；（2）手段——让机器产生预期效果、实现目的；（3）一些协调这些手段的方法。所以，对教学机器来说，应该寻找：（1）坚定的方向；（2）实现目的的手段；（3）用这些手段实现目的的稳妥原则。

机械方法有三个目的：知识、行动还有言语，即对一切有一个正确的认知，善于将一切好的东西实现，善于将必需的东西传达给他人，因为各个单一对象所包含的东西都是不一样的，于是这个机械方法就要求让所有适于研究的东西都得到合理、轻松而又迅速的研究。（1）合理的——让我们在世界这个古老的时代，对那些已知的东西形成真正理解，而非停留在肤浅的思考表面；（2）轻松的——为了不用什么来恐吓智慧，而是迅速吸引它；（3）迅速的——因为需要我们研究的东西要比我们父辈更多，同时我们的寿命还没有那么长，而且生命应用于行动，而不是学习。

引导我们实现这个目的的手段是：三个包罗万象的、能将一切都教会我们的客体，我们具有的三个主体以及三个工具。

我们应尤其注意形成下面这三个方面：智慧、意志和活动能力。智慧是心灵的内在眼睛，它与所有事物都有关联，接受万物的形象，喜欢观察和认识。意志是心灵的内部之手，它伸出去，将一切被认为是幸福的活动抓住并掌握，喜欢拥有万物，并会因此而得到满足。能力是来自心灵的内在力量，它将通过智慧认知、通过意志进行选择的各个要素唤起，它喜欢活动的潜力还有活动本身。如果这三方面获得了正确的发展，我们就仿佛也是全知、全想、全能的。对于形成人的机械法所追求的完整形象来说，这三者中的任何一个，都不能也不应该止步不前。

用来形成智慧、意志和活动能力的有三个工具：情感、理智、叙述。情感是心灵的窗户，它用视、听、嗅、触等手段，将现实介绍给心灵，心灵由此对万物形成认知。理智是心灵的镜子，有了理智，可以评价某个存在于情感范围之外某处的，但是通过自己的某种表现表明其存在的事物。叙述能力是心灵的话筒，它通过某种传导借以使情感和能力之外的事物能为人所知。因此，有了这三个工具，所有的事物都是可知的。所以，在用这种机械方法塑造人的事业中，这三种工具少了哪一个都是不行的。

对于一个完美的机器来说，还有三种手段是需要的，现在存在这样一个问题：用什么方式确定和运用它们，为了让这部机器不是废物，或者在运转的时候不出现紊乱？

因此，首先应该指明这些手段是什么，如果在它们的自然状态中对它们考察，那最好还要将它们的用法找出来。这一个问题，我想按顺序来说一下。首先使用它们应该按照什么顺序，然后应该怎样单独地运用它们，最后是怎样把它们应用在人上。

第一个原则应该是：我们运用它们，应该以它们平时保持的顺序，比如按照这个方法的目的，人们首先应该学习知识、行动和言语，好可以学习更多的知识，然后理智地行动，说所要说的话。知识是心灵的事业，它就像源泉，行动和言语的小河从这里流出来。如果源泉是纯洁的，那么行动和言语也是纯洁的。如果源泉是混浊的，那么行动和言语也是混浊的，因为教一个人行动，他首先应该知道自己在做什么。教一个人表达他自己都不清楚的事情，会让他变成一个应声虫。所以，行动对自己、对别人都非常重要，但是言语就不一样了，言语的存在，只是为了别人。让下一个原则成为无可争议的吧。首先塑造大脑，然后是手，最后是口。

在认识的对象当中，最先创造的世界是第一位的，然后是进入世界的人。所以，应该依次认识这些对象。多方涉及情感世界的作品是首要的。对于学生来说，作品好像是对情感进行训练的首要智慧因素；然后人用天生的概念、自然意识和被数字、尺度和重量强加的能力来对自己进行观察，以便在智力方面有所成就，并对自身和外在物进行理智的研究。最后，他将解释自身的秘密（这是世界和大脑不能教会他的），这会将我们的精神完全填满。所以可以确定的是：我们的智力活动应该自自然的书始，用智慧的书作为继续。

在教育的主体当中，智慧仍然排在首要的位置，意志是其次的，行动力在最后，因为智慧为意志将前进的道路照亮，而意志对行动进行控制。所以，为了避免行为滑到错误的路上去，意志应该服从万物之首的智慧之光的引导，为了让智慧实现这一目的，应该首先发展智慧，让它可以在看到事物的真正区别时作出判断：对什么表示赞成，对什么表示可以丢弃，并将判断结果提供给意志，这是唯一的方法。

情感可以用一样的方法感觉，并区别和它有直接关系和可以接受的东西，理智只能发现已知的印痕，而主要的东西仍然处在隐藏的状态，信心从永恒的深渊当中，将那如果用其他方式、可能就会永远隐埋着的秘密挖掘出来。所以，首先应该研究那些较为人知的东西，接下来是鲜为人知的，最后是根本无人所知的。我们与动物有共同的情感，理智是全人类共同的，所以，最普通的东西应该在最前面：按照方法的规律，通过一般，就能够到达部分和特殊。

以上就是关于教学手段中应遵循的顺序。不过还有一点应该注意，那就是如果有时候，必须要用后面的来对前面的进行解释和巩固时，我们也不要倒退。比如谈起语言的结构，提到一点对思维和作文的结构是有帮助的。它的源头在哪儿，因为什么产生，什么东西和它有关，等等。信念有时会纠正理智，让理智不至于迷失方向；而理智也会纠正情感，让情感不至于被欺骗。所以，有了相互的作用，一切彼此互利，虽然在开始和继续活动时，一定要遵守我们在上面讲到的那种自然顺序。

至于细节，每个都应像它的特性所要求或允许的那样进行解释，比如如果对大脑接受的东西没有形成一个明确的概念，那么知识就什么都不是。比较是经过对不一样事物的不一样研究而产生的。如果可以看一下一个没有接受过教育的人的大脑，就会看到一个漆黑的洞，其间什么东西都分辨不出来，那里是一片漆黑而又混乱的。而如果可以深入到一个有教养的人或者一位智者的大脑里去，就会在那里看到一个辉煌的宫殿，永远让人感觉赏心悦目，这个宫殿中的一切是从哪里来的？这不是从智者的本身来的，因为如果按照自己的天性，大脑其实也是一片空白，要想这里出现图画，也需要把图画画出来，所以，如果你想让谁知道什么，那就请将这些介绍给他的情感，他就可以掌握；如果你想让他知道更多的内容，那就请你多给他一些吧！如果你想他知道一切，那么你就将一切都给他，空白的大脑的接受力是无限的。谁要继续给它画什么就尽管画好了，它是随时准备接收的。这样的情况只会在大脑看、听和体验到很多时出现。

因为运动总在发生某种变化，而且还是逐步形成的，因此掌握活动的方式就是：为了获得对自己的行动的信心，并形成习惯，需要多加练习，而不是通过自己或别人的观察来学到这些，所以行为技能只有通过经常的活动和多次的练习才能获得，这是一条绝对的真理。

作为行为的某种形式，言语，或说话的能力是通过经常观察事物表现出来的，言语能力用来将事物清晰地表达出来。

但是，让智慧发展的自然方法是什么呢？智慧的定义，自己会教给我们，如果智慧心灵面向所有的内在眼睛，接受所有的形象，喜欢光明和观察，那就让它在这种方法的明亮光线下，一直观察着吧！智慧将经常诉诸观察，在观察当中获得想象，就像用图画来装饰宫殿一样，愿意用观察来装饰自己。因为，它是心灵的内在眼睛，那就让它和身体的外部眼睛还有它活动和练习的形式保持一致吧！于是你很快就会发现，用机械的精确性来训练智慧的必要性有多么大。眼睛从来都不满足于看（就像所罗门所说的，耳朵从来都不满足于听），所以，智慧也不会满足于观察，因此也就有了各种可靠的教学规律。

（1）智慧想知道很多吗？一些小的东西是否可以让它满足？如果是

否定的，那么就为它提供很多的内容，而不要用少量的事物来欺骗它。

（2）但是如果一次提供给智慧太大量的印象，这也会让其过于充塞，也会分散了精力，这也是智慧所不想的，它想循序渐进。所以不要一次提供了太多的东西，而是要隔一段的时间，还要按照合理的顺序。

（3）智慧喜欢对不同的东西进行观察吗？单调的东西容易让它感到乏味吗？所以，要将有用的东西和愉快联系在一起，用变换形象的方法来刺激它。

（4）智慧会经常要求新的客体吗？会对日常的东西感到厌恶吗？你就尽量每天为它提供好像是新的的东西，让它碰不到会让它反感的东西。

（5）（内外）眼睛更喜欢研究从内外两方面，以完整的形式让它进行观察的东西，而不是对局部进行研究。所以，如果你给它出示什么东西，首先应该出示完整的形态，然后按内外两部分出示，这样你就可以让它认识事物的愿望获得满足。

（6）智慧愿意正确无误地掌握知识，可能会被对事物的错误认识吓跑，所以应该向它提供正确的东西，注意不要用虚假的东西来骗它。

（7）智慧喜欢确凿的真理，游移会让它沮丧（游移是精神的负担，就好像进入鞋子里的石子，任何游移都会让人感到痛苦）。所以，别给它提供任何模棱两可的东西或尽快解除它的疑虑，以便它的精神从不安中解脱出来变得快活。

（8）智慧经常会要求已知真理的证据，所以如果你提供给它的是某个结论，那么证据应该不存在缺陷。

（9）但是智慧要求的是不容置疑的证据（自己不骗人，也不受骗）、最接近真理的证据：智慧对它们是了解，而不只是相信。所以，如果你想让学生对某结论的完全信任更加巩固一些，就需要举出不会产生歧义的证据。如果可以的话，那么首先可以举出事物本身作为证据，让学生用自己的情感来想象它，如果不行，那就举出那些事物的直接目击者、真理的严肃研究者等作为证据。

（10）因为智慧对事物的研究过程是循序渐进的，所以，第一，它应知道某种事物的存在（这可以简单地称为了解或介绍）；第二，它应该知道怎么去利用自己的知识，也就是这些知识有什么样的用途。这个顺序不能变，必须时时处处遵循；智慧对事物的认识，都应该是从历史的认识走向理性的认识，然后走向对事物的实际应用。让智慧沿着这条道路发展，就会像正常运转的机器一样，准确无误地实现自己的目的。

但是，我们怎样对意志进行解释呢？还是像它的定义所阐述的和要求的那样，我们已经为意志下了定义，它是心灵的内部之手，它试图将所有好的东西据为己有，对事物的享受和对愉快的品尝感到满足，我们现在来看一下，教学原则对这一点是怎样表述的。

（1）智慧要求真，意志要求善。所以，你教给他什么，就要让他既理解真又懂得好（也就是诚实、有益、愉快）。于是你会立刻发现，他的意志被吸引过来。很显然，行动为意志所统治。但是在确定应该做什么之前，他应该听从他内心的暗示、理智以及常识（它告诉意志对好坏做出区分）。

（2）对意志来说，较多的善产生的激励作用较大，较少的善产生的激励作用就较小。善与恶对意志的作用，就像重量作用在秤上，秤应垂向它所称的重量一样，意志应垂向善的那一方。

（4）和理智一样，意志是少量的善不能填满的深渊，它贪婪地要求更多的善，所以，面对它的这一需求，不能采用欺骗的手段，让它安于少量的善。相反，应该对它进行鼓励，给它展示更多的善，来鼓励它追求大量的善，因为这可以激发它的勇气。

（5）和智慧一样，如果将意志缠在某个对象上，它会觉得厌烦，如果总是将一样的东西提供给它，它还会发起抗议。所以，应该用丰富的内容来吸引它，用情感的诱饵来尽可能地将它的兴趣激发出来。

（6）受丰富的内容的吸引，意志会经常从一个善转向另一个善，向往有善的地方，所以，应对它表示关心，让它不管做什么事，都能遇到用真诚、愉快、有益或同时用这几种品质来吸引它的东西。所以，不间断的善的链条会始终对意志保持控制。

（7）因为意志对完整的善，而不是善的内在的或外部的某个方面更为欣赏，所以如果某个东西本质上是善的，那就应设法让它以自己的全貌，将自己从里到外的每个方面，都展示给眼睛看。这样，我们就可以让意志因为能进行全面的欣赏而享受所有的快感。我们还能让意志永远保持旺盛。

（8）意志要求享有的是真正的善，会将那种表面的善抛弃。所以要给它提供真正的好东西，而不能是看起来是好东西的东西。

（9）意志希望时常可以运用自己的善，讨厌那些丧失善的东西。所以，需要周密地向它提出，哪些是它不可或缺的善。

（10）意志喜欢那些让它能够看见或者预期可以满足自己愿望的东西，而对那些给它制造障碍的东西十分仇恨，只要有机会就会摆脱它们，或者和它们保持距离，所以，应教会意志对那些永远可以享受的东西进行研究，远离那些可能让它失去欢乐的东西。

（11）意志喜欢完整的善，或者对善的整个享有，渴望寻找更多的快乐，所以应关心让所有的善都尽可能地成为公共财富，因为这是维系它们共同价值和快乐的保证。

（12）意志在对善进行追求时是循序渐进的，开始追求善，也是开始了享受，占有并享受是其中间环节，占有的牢固性是其结尾。所以这个顺序有着很广泛的应用：意志首先会寻找那些认定为善的东西，然后去占有它，最后才是去巩固自己的占有权。对意志的这种态度让对所有善的追求，可以像天平秤的机械运动一样进行。

剩下的是作为补充工具，以及作为唤醒心灵去将那些已知和希望的东西实现的兴奋剂的能力。如果正确地解释，那么它们所具有的机械特性，要远多于智慧的功能和控制意志的艺术。在具有给定的材料的工具的情况下，技工利用加工材料的某种艺术，将指定的工作完美完成，在具有任何自然能力时，情况也是一样的（在进行视、听、说等某种动作时）；让器官去适应客体，可以获得我们希望的结果。因为对这一点是毋庸置疑的，我就不过多阐释了。

关于情感、理智的信仰机械地适应对象，可以得到一样的结论，应该按照它本性的需要对它们加以利用，比如情感直接接触事物，将它们抓住，力求认识它们，所以应该让情感接触它应该认识的所有东西，以便确信它掌握并认识事物并非通过别的任何东西，而是通过它自己的看、听或者嗅等。让情感不仅接触事物，而且还要掌握它们。它不应该是肤浅地触及事物，然后假设它的存在，而应该是将其完全抓住、控制，以彻底弄清它的存在。

因为理智可以利用可靠的已知材料，深入未知的东西（在事物的某种特征和事物本身之间建立起必要关系的正是理智），应训练理智将事物的特征弄清楚（包括原因和结果，主体及其特征、区别和对立等）。应该时时处处注意观察和区分各种东西。这样做理智就能轻松、迅速而又牢固地建立与机械精确性的联系，而不会迷失了方向。

与关于事物的其他证据相联系的信仰，应首先注意让智慧正确地理解出示的证据，然后让智慧确信证据是可以信赖的，它本身不受骗，也不去骗人。如果这两项预防措施都得到了执行，那么机械的信心承认权威，并彻底信任它是安全的。

至于运用教学手段的顺序，和怎样相互机械地协调，应该将其来源说明。应该遵循将它们运用于人时所遵循的顺序（比如在机械艺术里面）。

我们在上面确立了人类智慧的三个级次：理论、实践和应用，但是对这三个级次进行研究，应该遵循每个级次那些特有的方法，由此一点点深入，这是因为：

（1）理论的解决，需要利用事物的概念、分析和研究；

（2）实践要求示例、综合还有自己动手；

（3）应用包括规则和自己运用。

如果你希望某个人知道些什么，让他知道某事物是如何进行的，方式是什么样的，由什么组成，在什么程度上，等等，那么你就应该:（1）将这个事物提供给他，让他分别从整体上和各个方面予以观察；（2）然后在他面前，将事物分成几大部分，每个部分可以继续分成更多的部分，并分别为各个部分附上名称；（3）让他怀着关切的心情参与进来，自己去对一切进行观察、触摸、听、嗅、尝，并亲自去为事物命名，这就是我们所说的比自我认知感更普及的说法——自我感觉。因为有这三个级次的存在，应该以机械的准确性去对事物进行了解，如果缺少了某一级次，或者某一级次偏离了常规的轨道，事情就会止步不前了。

但是，你是否希望你的学生擅长做些什么，或者做成些什么呢？照着下面三点来做，你就能实现这个目的。（1）通过示范告诉他应该做什么。（2）为他做示范该怎样做，从最细小的部分开始，并将这些细小部分组成一个较大的部分，如此反复，直到最终形成一个整体。从对最大的部分，也就是对整体的分析开始，以对最小部分的分析告终。综合则从最小开始，在最大，即整体结束。（3）让他快速模仿一切（从最小开始，在最大结束），并注意让他在模仿时，不致偏离到错误的道路上去，对那些误入歧途的人要予以纠正，直到他掌握可以毫无差错地做事方法为止。我们将其称为自己动手——其实叫练习。照着这三点做，所有的艺术都可以轻松地实现。但是如果缺少这三个中的任何一个，那就会一事无成，或者至少是事倍功半，效率低又不完善。

但是除了这个以外，你希望你的学生可以聪明地运用科学和艺术吗？请按照下面这三点来做：（1）通过规则，告诉他这个事物的用途。（2）比较一下，哪些知识和艺术运用起来好、较好、最好，或者相反的，不好、较坏、最坏。将前者弄清是为了模仿它，将后者弄清是为了避免它。（3）命令通过自己运用去模仿德行，避免恶习，也就是将已有的知识只用在善的事业上，因为如果一个人只是看到别人善于利用事物，却没有模仿的企图，那么他就会从一个精通艺术的人变成一个门外汉，从博学的人变成无知的人。

最后，学校一定要在科学和艺术，尤其是在泛智方面组织练习。这样做，那些对学者阶层的责备，即责备它的烦琐哲学（即责备其不适合解决实际事务）就应该消失。

所以，教学艺术方面的所有事情都好像是机械的：全体组成部分之间秩序井然，紧密联系，并产生结果，然而没有哪个机器能造得这样好，以至根本不需要照顾，不需要观察它的运转是否一切正常，不需要维修，如果有哪个部件受损或者出现了故障，也不需要对它进行改造，最后甚至连更新的、完善的发明都不需要了，这是不存在的——所以，教学机器一直在追求着完美。

对于我们的发明能否产生业绩的问题，我的回答是：我的性情不允许我吹嘘自己的发明，我现在就想引用一句格言：请你亲自来看看吧！让事物本身，来激起信任吧。但是，用什么样的方式呢？那些加工材料的机器通常以不同方式作用在各种东西上，所以我们的教学机器将用在学校内外，人们教学活动的各个方面，包括私人和公立学校、哲学学校、语言学校以及其他学校，还有在学校之外的家庭等其他场所的教学活动，但是我答应过要提出三个结论，这应在这里完成，我想指出，可以开设两类可以让教学机器充分发挥其作用的学校。

（1）应建立一所利用实践和习惯，仿照古代的方法教学拉丁语的学校，至于这种学校的形式，会在后边进行阐述。

（2）如果尤其需要联结艺术和原则，我们可以建立一种类似印刷厂的学校形式，并将其称为"活印刷厂"。

附

夸美纽斯年表

· 1592 年 3 月 28 日

约翰·阿姆斯·夸美纽斯诞生在波希米亚王国摩拉维亚。

· 1604 年

父母及两个姐姐先后病故，遗下他和一个妹妹，曾于简陋的乡村学校
附读。

· 1608 年

进入普雷拉夫拉丁文法学校学习，对当时的学校教育产生强烈的反感，
萌发立志改革教育的思想。

· 1611 年

中学毕业。3 月 30 日，被选送到那撒公国黑博恩学院继续深造。

· 1613 年

在西欧各地旅行，遍访当时的学术文化中心，进一步受到时代新思潮的
强烈熏陶。后转入海德堡大学学习，哲学和教育思想日趋成熟。

· 1614 年

因病辍学回国，任普雷拉夫地方的一所中学的校长，并开始研究教育改
革问题。

· 1616 年

经兄弟会推选，担任牧师职务。

· 1618 年

调任富尔涅克地方的兄弟会牧师兼兄弟会学校校长。

· **1619 年**

出版《寄天国书》。

· **1621 年**

夸美纽斯居住的富尔涅克遭遇战火，其家产、藏书和手稿被焚，被迫离家出走。

· **1622 年初**

妻子和两个孩子死于战争引起的瘟疫。

· **1627 年**

出版《精制摩拉维亚新地图》。

· **1628 年 2 月**

流亡波兰列什诺。

· **1631 年**

写成并出版拉丁文教科书《语学入门》，大受欢迎。

· **1632 年**

开始致力于"泛智"问题的研究，着手开始《母育学校》一书的写作。

· **1633 年**

《母育学校》出版。

· **1635 年**

任列什诺兄弟会中学校长。

· **1638 年**

完成《大教学论》一书的写作。

· **1639 年**

在英国出版《泛智学导论》，引起了欧洲学术界的重视。

· **1641 年**

接受英国国会邀请，前往伦敦。

· **1642 年**

前往瑞典开展研究工作。

· **1644 年**

开始构思写作七卷本的巨著《关于改进人类事务的总建议》。

· **1647 年**

完成《最新语言教学法》一书的写作。

· **1648 年**

离开瑞典，回到列什诺，主持兄弟会的宗教和学校事务。

· **1650 年**

当选捷克兄弟会大主教，成为兄弟会的领袖。10 月，接受匈牙利特兰萨瓦尼亚公国西吉茨蒙达·雷科克齐伯爵的邀请，到匈牙利担任长年教育顾问，并在沙罗斯—帕特克地区创办一所泛智学校，并为即将开设的理想学校拟定了一份计划，即《泛智学校》。

· **1652 年**

小集子《真实方法的赞颂》在沙罗斯—帕特克出版。

· **1653 年**

写成《创建纪律严明的学校的准则》和《1653 年为青年制定的行为规则》二书。

· **1654 年**

完成《世界图解》一书的写作。8 月 2 日，离开匈牙利回到列什诺，继续研究泛智论。

· **1656 年**

4 月，列什诺毁于波兰与瑞典的战争，夸美纽斯的住所及所有私人财物再次毁于战火，其中包括他耗费二十余年心血撰著或搜集的尚未出版的手稿及资料。8 月，应荷兰政府的邀请到达阿姆斯特丹定居，在此处度过了流亡生涯的最后一站。

· **1657 年**

《夸美纽斯教育论著全集》在阿姆斯特丹陆续出版。

·1666 年

《人类改进通论》的第一卷《普遍的觉醒》与第二卷《普遍的光明》在阿姆斯特丹发表，其余五卷的手稿于 1934 年被发现。《人类改进通论》是夸美纽斯一生最后的，也是篇幅最大的力作。

·1668 年

写成自传性作品《唯一的必要》。

·1670 年 11 月 15 日

于荷兰病逝，结束了其坎坷动荡但奋斗不息的一生。